Hans Hopf
Schulangst und Schulphobie

Schulangst ist weitverbreitet und eine reale Angst, etwa vor Prüfungen, vor Beschämung, Verletzung oder Bestrafung. Mobbing und Bullying sind Ausdruck dieser Atmosphäre im sozialen Raum Schule. Aber auch Prüfungs- und Versagensängste plagen das moderne Kind.

Ganz anders das Kind mit einer Schulphobie: Es hat Angst, die Schule zu besuchen, obwohl kein objektiver Grund dafür zu erkennen ist. Es leidet meist an Trennungsangst, die mit vielen seelischen und körperlichen Symptomen verbunden ist.

Sowohl Eltern wie auch Lehrer werden in das Geschehen um Schulängste hineingezogen. Sie müssen diese mit ihren Kindern bzw. Schülern mitverarbeiten. Das ist nicht immer einfach, und so bieten die Erfahrung und Kompetenz von Hopf in Sachen Angststörungen eine verlässliche Grundlage, um ein komplexes psychisches Geschehen im sozialen Raum zu verstehen. Hopf gelingt es, dies auf anschauliche Weise hervorragend zu vermitteln.

Der Autor:

Hans Hopf, Dr. rer. biol. hum., geb. 1942, analytischer Kinder- und Jugendlichen-Psychotherapeut bis 1995 in eigener Praxis, danach Therapeutischer Leiter im Therapiezentrum Osterhof, Baiersbronn. Dozent und Kontrollanalytiker am Psychoanalytischen Institut Stuttgart und Würzburg. Veröffentlichungen zu Angst, Aggression, Traum und Neurosenlehre. Beiträge für Rundfunk und Fernsehen. Seit 2003 wieder in eigener Praxis tätig, Gutachter. Diotima-Ehrenpreis der deutschen Psychotherapeutenschaft 2013. Bei Brandes & Apsel in 3. Auflage: *Angststörungen bei Kindern und Jugendlichen. Diagnose, Indikation, Behandlung.*

Hans Hopf

Schulangst und Schulphobie

Wege zum Verständnis
und zur Bewältigung

Hilfen für Eltern und Lehrer

Brandes & Apsel

Auf Wunsch informieren wir Sie regelmäßig mit unseren Katalogen *Frische Bücher* und *Psychoanalyse-Katalog*. Wir verwenden Ihre Daten ausschließlich für die Zusendung unserer beiden Kataloge laut der EU-Datenschutzrichtlinie und dem BDS-Gesetz. *Bitte senden Sie uns dafür eine E-Mail an info@brandes-apsel.de mit Ihrer Postadresse.*
Außerdem finden Sie unser Gesamtverzeichnis mit aktuellen Informationen im Internet unter: www.brandes-apsel.de sowie www.kjp-zeitschrift.de

4. Auflage 2025
1. Auflage 2014

© 2025 by Brandes & Apsel Verlag GmbH, Scheidswaldstr. 22, 60385 Frankfurt a. M.,
Kontakt: info@brandes-apsel.de
Alle Rechte vorbehalten, insbesondere das Recht der Vervielfältigung und Verbreitung sowie der Übersetzung, Mikroverfilmung, Einspeicherung und Verarbeitung in elektronischen oder optischen Systemen, der öffentlichen Wiedergabe durch Hörfunk-, Fernsehsendungen und Multimedia sowie der Bereithaltung in einer Online-Datenbank oder im Internet zur Nutzung durch Dritte.
Umschlag und DTP: Brandes & Apsel Verlag.
Druck: STEGA TISAK d. o. o., Heinzelova 60/1, 10000 Zagreb, Kroatien
Kontakt: upit@stega-tisak.hr
Printed in Croatia, gedruckt auf säurefreiem, alterungsbeständigem und chlorfrei gebleichtem Papier, FSC CO15522

Bibliografische Information der Deutschen Nationalbibliothek:
Die Deutsche Nationalbibliothek verzeichnet diese Publikation in der Deutschen Nationalbibliografie; detaillierte bibliografische Daten sind im Internet über www.ddb.de abrufbar.

ISBN 978-3-95558-035-3

Inhalt

Vorwort   11

Teil I: Schulangst

Angst gehört zu unserem Leben!   18

Schulängste sind reale Ängste   20

  Schläge und Misshandlungen – Blick in die Vergangenheit   21

  Strafen, Beschämungen und Bloßstellungen   26

  Erziehung ohne Strafe?   28

  Schwellensituationen, Schule und Schulpflicht   30

    Michaels Erbrechen   33

  Konflikte werden in Beziehungen getragen –
der Lehrer als Objekt für Übertragungen   39

    Die »negative Übertragung«   43

    Die »positive Übertragung«   45

Belastungen durch Schulstress –
macht die heutige Schule krank?   48

  Was ist wirklich hilfreich in der Schule – und was nicht?   52

  Prüfungsangst   54

    »Träumen von der Prüfung«   54

    Prüfungsängste   56

Ist eine angstfreie Kindheit vorstellbar, kann eine Schule ohne Angst realisiert werden?	59
Thomas zeigt keine Angst	60
Das von der Schule überforderte Kind	62
Was sind »Aufmerksamkeitsstörungen«?	68
Mobbing und Bullying	70
Mobbing unter Mädchen	75
Die Lust, zu entwerten	77
Ein »Täter«	79
Die »Opfer«	86
Cyber-Mobbing	89
Fremdenhass	90
Homophobie	92
Schule ist für alle da – Anpassungsbereitschaft und Toleranz	94
Zusammenfassung	95
»Schule schwänzen«	96

Teil II: Trennungsangst

Wie Trennungsangst entsteht und wie ein Kind lernt, Trennung auszuhalten	105
Bindung ist ein emotionales Band	108
Bindung, Erkundung der Welt und Autonomieentwicklung	113
Fremdeln und Trennungsangst	115
Über normale und notwendige Trennungsängste und ihre Bewältigung	118
Die große, gefährliche Welt macht Angst: Wiederannäherungsphase	121

Innere Bilder von mir und meinen Bezugspersonen:
Bildung von Selbst- und Objektrepräsentanzen 122

Symbolisierung 124

Das Übergangsobjekt 127

Triangulierung 128

Angst und Aggression 129
    Nicht-destruktive Aggressivität 130
    Nicht-affektive Aggressivität 131
    Feindselige Destruktivität (Zerstörung) 131

Aggression und Loslösung 132

Eine Idealvorstellung 135

Notwendige Trennungen 137
    Krankenhaus 137
    Kindertagesstätten 138

Trennungsangst – eine Angststörung 144

Regression 149

Einbruch der Symbolisierungsfähigkeit 150

Phobische Verarbeitung 150

Wie Ängste über »Somatisieren«
aus dem Bewusstsein verbannt werden können 153
    Rainers Bronchitis 154

Soll Regression unterstützt werden? 157

Vermeidungsverhalten 161

Ein Sonderform des Vermeidungsverhaltens:
Schlafen im elterlichen Bett 162

Angstträume: der allgegenwärtige Konflikt
»Regression versus Progression« 164

Teil III: Schulphobie

Trennungsangst und Schulphobie	170
Familiensituationen bei Schulphobien	171
Die Angst vor dem Schwarzen Mann –	
Geschichte einer Schulphobie	173
Das auslösende Ereignis	174
Zur Lebensgeschichte des Mädchens	176
Familiengeschichte	177
Untersuchungsergebnisse	177
Diagnose	181
Therapieverlauf	181
Abschluss der Behandlung	185
Rückschau	186

Teil IV: Eltern suchen Hilfen für ihr Kind – Verhaltenstherapie oder psychodynamische Verfahren?

Lehrer und Ärzte	196
Alternative: stationäre Psychotherapie	196
Zusammenarbeit von Eltern und Therapeuten mit stationären Einrichtungen	197
Geschlechtsunterschiede	202
Zusammenfassung	203

Gedanken zum Schluss	204
Literatur	206

Ich widme dieses Buch meiner Lehrerin in der 1. Klasse Elisabeth Schmittner. Sie hat mir im Flüchtlingslager die geistige Welt in liebevoller Weise erschlossen.

Vorwort

In diesem Buch werden die wichtigsten Ängste beschrieben, die sich um die Schule ranken – Trennungsangst, Schulangst, Schulphobie, Prüfungsangst, Schuld- und Schamangst und viele mehr. Wenn es schon so viele Bücher über Angst gibt, warum auch noch dieses Buch? Zum einen hat es mich bewegt, festzustellen, wie viele Ängste direkt und indirekt mit der Schule verknüpft sind. Warum ist das so und das offensichtlich schon so lange, wie es die Institution Schule gibt? Warum ist die Schule ein Angstmacher erster Güte und warum werden so viele Ängste auf sie verschoben, auf sie projiziert? Natürlich kann rasch geantwortet werden: weil sie Leistung verlangt, weil sie Druck ausüben kann, sanft oder brutal. Weil sie belohnt oder bestraft, auszeichnet oder beschämt. Das ist sicherlich die eine Seite. Ich denke aber, die Hauptursache für die Vielfalt der Ängste ist, dass die Schule ein Ort von Begegnung und Beziehung ist, mit ähnlichen, manchmal fast den gleichen Konflikten wie in einer Familie: mit einfühlsamen, verstehenden mütterlichen Haltungen und mit Vaterfiguren, die aufmerksame Beschützer sind und Kindern helfen, Regeln und Gesetze einzuhalten, ihre Affekte zu begrenzen – oder auch nicht!

1964 habe ich mein erstes Staatsexamen als Lehrer an Volksschulen abgelegt; da war ich 21 Jahre alt. Ich hatte hohe Ideale und wollte all das besser machen, was mich in der Schule einst so gequält hatte. Vor allem hatte ich die Vorstellung, immer einen solch guten Unterricht zu halten, dass meine Schülerinnen und Schüler interessiert zuhören und möglichst viel lernen würden. Doch rasch stellte ich fest, dass es einige von ihnen gab, die durch mein »Raster von Idealen« fielen und keineswegs die geistige Nahrung, die ich anbot, annehmen mochten

– und hatte ich sie noch so geschickt verpackt. Ich verbesserte die Didaktik, vermied zunächst jeden Druck und warb weiterhin um Interesse, doch vergeblich.

Einer war der neunjährige Rolf. Er war nichtehelich geboren – damals war das noch ein Makel – und wuchs notgedrungen bei seiner Großmutter auf, denn die Mutter war verschwunden. Die Großmutter war schon alt, und sie versorgte Rolf, so gut sie das eben konnte. Rolf war dick und wirkte immer etwas schmuddelig. Ich glaube, schon diese beiden Tatsachen machten deutlich, dass Rolf einerseits emotional vernachlässigt und andererseits über Essen verwöhnt wurde. Rolf verweigerte alle Aufgaben, hatte nie Arbeitsmaterialien dabei und konnte dem Unterricht nicht folgen.

Ein anderer war der zehnjährige Dieter, fünftes Kind einer Familie, die in größter Armut lebte, weil der Vater alles Geld, das er verdiente, für Alkohol ausgab. Dieter konnte kaum rechnen, und er konnte nicht lesen und schreiben – dabei war er in ständiger Unruhe. Zunehmend spürte ich, dass mich solche Kinder hilflos werden ließen, dass sie mich bei meiner Arbeit störten und mich zunehmend auch ärgerten. Ich gehe heute, 50 Jahre danach, davon aus, dass sie vor mir und dem Schulalltag Angst hatten – auch wenn sie diese nicht zeigen konnten, außer über ihre konstante Verweigerung. Heute noch erlebe ich Schuld und Scham darüber, dass ich damals nicht erkannte, dass die Ablehnung, die ich fühlte, jene Ablehnung war, die sie zu Hause erfahren hatten und die sie in mir unterbrachten. Aber gerade weil ich Rolf und Dieter nicht helfen konnte, wollte ich mehr über deren Seelenleben erfahren; dies war einer der Gründe dafür, dass ich Kinderpsychoanalytiker geworden bin. Mit diesem Buch will ich zu meinen Wurzeln als Pädagoge zurückkehren und aus Sicht der Kinderpsychoanalyse und der psychoanalytischen Pädagogik über Schulängste schreiben.

Ein weiterer Grund für dieses Buch sind die Schuldgefühle der Eltern, wenn Kinder Störungen entwickeln. Ich wollte ein Buch über Ängste schreiben, damit Eltern ihre Kinder besser verstehen, ein Buch, in dem sie selbst, aber auch in ihrem Leiden verstanden werden. Da ich viel zu Ängsten und zur Schulphobie veröffentlicht habe, bekomme ich regelmäßig E-Mails und Anrufe aus mancherlei Gegenden. So gut wie immer fragen die hilfesuchenden Mütter – und es sind fast immer Mütter –, was sie denn falsch gemacht hätten. Sie fühlen sich persönlich »schuldig«, weil ihr Kind nicht mehr die Schule besucht. In vielen Fällen hatte man ihnen das auch unverblümt so gesagt.

Nach Resch und Brunner (2013) gehen 5-10 Prozent der Kinder und Jugendlichen in Deutschland nicht regelmäßig zur Schule. Ein großer Anteil von Jugendlichen mit schulvermeidendem Verhalten erlangt keinen Schulabschluss oder bleibt weit hinter den schulischen Leistungserwartungen zurück (S. 547). Besucht ein Kind die Schule nicht mehr, so ist das für die gesamte Familie eine schwierige Situation, die Hoffnungslosigkeit, aber auch Wut verbreiten kann. An jedem Morgen weint das Kind vielleicht bitterlich, es wird bockig, es kommt zu Machtkämpfen, es erbricht sich womöglich. Schuldgefühle sind jedoch die schlechtesten Ratgeber. In den ersten Gesprächen mit den Eltern ist es für die Lehrer, Berater und Therapeuten wichtig, sie bei ihren Schuldgefühlen abzuholen.

Ich habe bereits jetzt von Eltern, nicht von Müttern gesprochen. Über lange Zeit sind in der Tat Mütter als Alleinschuldige für alle negativen Entwicklungen ihrer Kinder auf die Anklagebank gesetzt worden. Es geht jedoch niemals um die Einflussnahme einer Mutter allein, sondern diese steht immer in einem Zusammenhang mit dem mittelbaren und unmittelbaren Einfluss des Vaters. Fortwährend findet eine Kommunikation in einem *Beziehungsdreieck* statt, gleichgültig, wo sich der Vater befindet, denn auch eine alleinerziehende Mutter ist eine Mutter in einer Familie, in welcher der Vater eventuell abwesend, jedoch verantwortlich ist. Darum muss der Vater *immer* an einem pädagogischen und therapeutischen Prozess beteiligt werden. Dies ist oft schon in einer intakten Familie schwierig, weil bei Angststörungen das Beziehungsdreieck so gut wie immer verzerrt ist und Väter eine

Teilnahme am Prozess zu verweigern suchen. Noch schwieriger ist es, Väter einzubeziehen, wenn die Eltern getrennt sind. Aber der Therapeut muss das zumindest immer versuchen. Ich bin davon überzeugt, dass mit den Eltern anfänglich das Folgende festgestellt und besprochen werden kann.

Bei allen Angststörungen, insbesondere bei einer Schulphobie, leiden die Eltern mit ihrem Kind und auf ihnen lastet ein ebenso großer Leidensdruck. Eltern fühlen sich immer rasch beschuldigt. Sie sind nicht schuldig, aber sie tragen Verantwortung für ihr Kind. Sie sollten darum umsetzen, was richtig und notwendig ist.

Natürlich sind auch Persönlichkeitseigenschaften der Eltern an der Entstehung von Angststörungen ihrer Kinder beteiligt. Doch für diese tragen sie keine »Schuld«. Sie erbten Gene, sie hatten einzigartige Beziehungen zu den eigenen Eltern, sie erfuhren vielleicht Traumata oder belastende Lebensereignisse. All das und vieles andere hat ihre Persönlichkeit geformt, sie vielleicht überbehütend und ängstlich, vielleicht auch etwas uneinfühlsam und streng gemacht. Aber sie haben – aus ihrer Sicht – immer das Beste für ihr Kind angestrebt.

Von jetzt an gilt es, nach vorne zu schauen. Es gilt zu verstehen, welche Persönlichkeitsanteile der Eltern auf die Entstehung der kindlichen Probleme und Konflikte gewirkt haben. Dem müssen sich Eltern stellen, und sie müssen versuchen, sich über wachsende Einsicht zu verändern. Neurotische Ängste, Schulängste und Schulphobien sind behandelbar und heilen in den meisten Fällen auch gut aus. Vor einigen Jahren hielt ich in einer deutschen Großstadt an einem Gymnasium einen Vortrag über Probleme in der Adoleszenz. Nach meinem Vortrag kam ein kräftiger Jugendlicher zu mir und outete sich als Michael, der in jenem Therapiezentrum, in dem ich damals therapeutischer Leiter gewesen war, wegen seiner schweren Schulphobie behandelt worden war und von dem später noch ausführlich die Rede sein wird. Zwei Jahre war er vorher nicht zur Schule gegangen, trotz einer ambulanten Psychotherapie. Er teilte mir mit, dass er sehr gerne an diesem

Gymnasium sei und mittlerweile zu den besten Schülern zähle – aber eines wolle er doch wissen: »Hans, kannst du mir verraten, warum ich damals nicht in die Schule wollte – ich verstehe das heute nicht mehr!« Da wusste ich, dass er die störenden Trennungsängste von damals überwunden hatte, und ich sagte zu ihm: »Weil du heute weißt, dass du dich auf *dich* verlassen kannst!«

In meinem ersten Kapitel berichte ich über Schulangst, Schulstrafen, Schuld- und Schamangst sowie unter anderem über Mobbing und Prüfungsängste – aus Sicht eines Lehrers und Kinderanalytikers. Darin blicke ich auch mit ausgesprochener Lust auf mein Lehrerleben zurück.

Im zweiten Kapitel geht es um die Entwicklung von Kindern und darum, wie sie lernen, »Getrenntheit« auszuhalten. Denn die zentrale Ursache für eine Schulphobie ist die Trennungsangst. Innerhalb einer Phobie wird Angst lediglich verdrängt und auf etwas Äußeres verschoben, die ursächliche Angst ist dann vorerst nicht mehr erkennbar. Bei einer Schulphobie ist die Schule darum lediglich die Bühne, nicht die Ursache der Ängste. Dieses Kapitel ist deshalb den Trennungsängsten gewidmet und zeigt auf, wie manifeste Ängste verarbeitet werden.

Der Hauptbereich besteht dann in einer Darstellung der Schulphobie mit all ihren vielfältigen Konflikten. Ein Schlusswort vervollständigt das Buch.

An dieser Stelle ist es wichtig, darauf hinzuweisen, dass alle Diagnosen der jeweiligen Störungsbilder, von Schulangst über Mobbing bis Schulphobie, zunächst einmal Schubladen sind. Es muss jedes Mal genau untersucht werden, welche individuellen Konflikte bei jedem Kind oder Jugendlichen zu den typischen Erscheinungsbildern geführt haben.

Noch eine Anmerkung: Ich habe über 40 Jahre pädagogisch und psychotherapeutisch mit Kindern und Jugendlichen gearbeitet. Dieses Buch wurde aus der Sicht der Psychoanalyse verfasst, weil das mein Schwerpunkt geworden ist und meine Erfahrungen als Kinderpsychoanalytiker wiedergegeben werden. Auf keinen Fall will ich andere Zugangswege ausschließen oder meine Sicht gar als die beste, um Ängste zu erklären, bewerten. Nach Rom führen bekanntlich viele Wege, und auch ein Berg lässt sich von mehreren Seiten besteigen. Ich habe dieses Buch für Eltern, Lehrer und alle professionell Erziehenden, aber durchaus auch für psychotherapeutisch Tätige geschrieben. Wer sich fachlich weiter informieren möchte, dem empfehle ich mein Buch über Angststörungen bei Kindern und Jugendlichen, erschienen im gleichen Verlag.

Zum Schluss will ich jenen Personen danken, die mir beim Schreiben dieses Buches geholfen haben. Der Verleger Roland Apsel hat die Entstehung dieses Buches angeregt, geduldig begleitet und mir an vielen Stellen wertvolle Anregungen gegeben. Meine Kolleginnen Silja Bauer und Monica Zimmerman haben mir dankenswerterweise Einblicke in Behandlungen gewährt und mir gestattet, daraus zu berichten. Gabriele Häußler, Kinder- und Jugendlichen-Psychotherapeutin und Redakteurin der Zeitschrift *Analytische Kinder- und Jugendlichen-Psychotherapie*, hat das Manuskript sorgfältig durchgesehen, redigiert und korrigiert.

Mundelsheim, im Januar 2014
Hans Hopf

Teil I:
Schulangst

Angst gehört zu unserem Leben!

Angst – ein Schreckenswort! Wird von Ängsten gesprochen, so denken viele Mitmenschen sofort an schwere Leiden. Vielleicht haben manche einen Freund oder einen nahen Verwandten, der an Panikattacken leidet. Kinder von Bekannten mögen sich nicht von den Eltern trennen, andere leiden an Schulängsten oder einer Schulphobie. Ein weiteres Kind kann sich nicht in der Höhe aufhalten, ohne Ängste zu bekommen, jemand anderes traut sich nicht, mit dem Aufzug fahren …

Dabei ist Angst zuallererst ein wichtiges Warnsignal vor echten Gefahren. Der große Psychoanalytiker Horst Eberhard Richter, der viele Untersuchungen zu Ängsten gemacht hat, meinte gar: »Angst ist eine Farbe unseres Lebens«! Wie wichtig sie ist, zeigt sich darin, dass sie auch bei allen Tieren vorkommt. Sogar Meeresschnecken, primitive Wesen, die eher Schleimhaufen gleichen, zeigen Angst. In einem stammesgeschichtlich alten Teil des Nervensystems, das der Mensch mit anderen Säugetieren gemeinsam hat, wird das Verhalten des Menschen gelenkt. Dies geschieht über die Steuerung der Affekte für Angriff, Verteidigung oder Flucht. Weil sie also vor Gefahren warnen, sichern Ängste das Überleben und dienen unserer sozialen Anpassung. Sie folgen aber auch den Forderungen unseres Gewissens, das in der Psychoanalyse »Über-Ich« genannt wird. Der Angstaffekt unterstützt unsere gesamten Sinneswahrnehmungen. Angst ist also kein krankhafter Zustand, sondern eine angeborene sinnvolle Reaktion (vgl. Hopf, 2009, S. 15f).

Angst wird von Körperempfindungen begleitet, von Ruhelosigkeit und Veränderungen des Herzschlags sowie des Blutdrucks. Die meisten Menschen empfinden Angst, wenn eigene Einstellungen, die eigene Person oder die Selbstachtung bedroht werden. Wir reagieren aber auch auf die Abwesenheit von Menschen oder Dingen, die uns Sicherheit geben oder die sogar Sicherheit für uns bedeuten können. Vorbereitende Angst hilft uns, schwierige Situationen gut zu bewältigen, weil wir besser vorausplanen.

Somit warnt und schützt uns Angst vor echten Gefahren und Bedrohungen. Letztendlich unterstützt sie unsere Wahrnehmungen. Eine solche reale Angst wird auch Furcht genannt. Sie ist auf ein bestimmtes Objekt gerichtet, während »Angst« ungerichtet und diffus ist. Angst als Warnsignal kann allerdings nur funktionieren, wenn die Wirklichkeit von der Phantasie unterschieden werden kann.

Wir besitzen ein Bewusstsein, das auch »Ich« genannt wird. Es vergleicht alle Wahrnehmungen und versucht, sie zu integrieren, organisiert Lernen, Erfahrung und Gedächtnis. Ein gesundes Ich kann deshalb äußere Wahrnehmungen von inneren Phantasien trennen, wobei sich allerdings bei *jedem* Menschen zu bestimmten Zeiten die beiden vermischen können: Reale Ängste können sich mit phantasierten, also »neurotischen« Ängsten verschränken. Bei bestimmten Entwicklungsstörungen können echte Gefahren als größer oder irrealer, als sie es sind, wahrgenommen werden. Sie können aber auch kleiner erscheinen, gering geschätzt und sogar völlig ausgeblendet werden. Dann wird reale Angst verleugnet.

Wir können schon jetzt festhalten: Angst ist lebenswichtig. Ängste können Kindern darum nicht erspart werden, sie steuern einen Teil der Entwicklung. Zu viel Angst und zu wenig Angst – beides ist störend.

Schulängste sind reale Ängste

Angststörungen sind die am häufigsten vorkommenden seelischen Störungen bei Kindern und Jugendlichen. Mit »Angststörungen« werden ausschließlich Störungsbilder bezeichnet, die deutliche Angst als Hauptsymptom zeigen und wo Angst das Erleben eines Kindes oder Jugendlichen bestimmt. Misslungene Angstverarbeitungen und unbewusste Ängste sind bei jeder psychischen Störung vorhanden.

Bei Schulangst wird die Angst durch eine bedrohliche Situation in der Schule ausgelöst. Sie ist eine ganz reale Angst, etwa vor Strafe, Beschämung oder Verletzung; im Gegensatz zur Schulphobie, in der Trennungsängste durch eine Verschiebung auf die Schule zu bewältigen versucht werden (siehe das Kapitel zu Schulphobie). Doch so eindeutig ist das meist nicht: Immer muss auch bei den realen Ängsten auf Überschneidungen mit innerseelischen Konflikten eines Kindes geachtet werden.

Bei Schulangst sollte nach realen Gründen gesucht werden, die verändert, zumindest abgeschwächt werden müssen. Welche Ursachen können das sein? Hier ein erster Überblick!

Ist die Beziehung zwischen dem Kind und einem Lehrer gestört? Fühlt es sich von ihm gedemütigt oder missachtet? Sind diese Befürchtungen real?
Gab es Streitereien mit Mitschülern?
Wird das Kind gemobbt?
Existieren Schwächen, die das Lernen erschweren?
Besitzt das Kind keine ausreichende Motivation, keine Ausdauer, ist es vielleicht sogar intellektuell überfordert?
Die Schule muss für das Kind wieder akzeptabel werden, es muss bald

wieder Erfolg erleben. Der geeignete Weg dahin muss gefunden werden, eventuell auch über eine Therapie.
Wenn Eltern von Problemen ihres Kindes erfahren, sollten sie rasch das Gespräch mit den Lehrern suchen – nicht erst, wenn das Kind die Schule verweigert oder vom Wiederholen einer Klasse bedroht ist.

Schläge und Misshandlungen – Blick in die Vergangenheit

Schulängste haben eine lange traurige Geschichte, denn immer gab es in der Vergangenheit auch grausame Lehrer, die Kinder misshandelten und das auch oft ungestraft tun durften. Im Archiv einer dörflichen Gemeinde fand ich beispielsweise die Aussagen eines Arztes, der die blutunterlaufenen Hände von Kindern behandeln musste, die von ihren Lehrern mit Stockschlägen schwer malträtiert worden waren. Oft sei es bei Erkrankungen von Kindern vorgekommen, dass sie von der Schule und von Schlägen phantasiert hätten. Ein Kind musste der Arzt sogar wegen einer »Nervenüberreizung in Folge von beständiger Angst vor strenger Behandlung« vom Schulbesuch befreien, ein anderes litt an »Veitstanz«, offensichtlich an epilepsieähnlichen Zuständen. Die Diagnosen des Arztes waren, da er die Ursache vieler Erkrankungen in der Schulangst der Kinder sah, erstaunlich fortschrittlich und von großem Einfühlungsvermögen getragen. Es überrascht auch, dass der damalige Bürgermeister Anzeige gegen diesen sadistischen Lehrer erstattete, als er davon erfahren hatte, denn Prügeln war damals in allen Familien ein alltägliches Erziehungsmittel.

Noch lange Zeit wurden Erkenntnisse großer Pädagogen wie etwa Rousseau oder Pestalozzi nicht im Schulalltag umgesetzt. Die Vorstellung vom Kind als einem eigenständigen Wesen, eine von Einfühlung in das kindliche Wesen getragene Erziehung, waren noch lange nicht Leitbilder des Lehrers, und der autoritäre Erziehungsstil mit körperlichen Züchtigungen existierte bis in die Zeit nach dem Zweiten Weltkrieg. Noch meine Generation der Kriegskinder wurde während der Adenauer-Nachkriegszeit von vielen traumatisierten Kriegsteilnehmern unterrichtet und oft misshandelt. Ich begegnete unter anderem einem malariakranken Volksschullehrer, einem traumatisierten Russlandheimkehrer, der seine Traumata mit Alkohol betäubte, und vielen schwadronierenden Altnazis. Gemeinsam war ihnen allen, vom Pfarrer bis zum Oberstudienrat, dass sie auch kleine Spannungen nicht aushalten konnten und sich schon bei geringsten Störungen mit grausamen Schlägen rächten. Meine Klassenkameraden und ich wurden gnadenlos von ihnen geprügelt und geschlagen, mit Stöcken und anderen Utensilien, mit der flachen Hand, mit Fäusten, mit Schlägen auf den Kopf – noch bis kurz vor dem Abitur. Niemand wagte es, sich zu wehren. Irgendwann habe ich festgestellt, dass nicht nur aus dem Affekt heraus gedemütigt und geschlagen wurde, sondern ganz gezielt eine bestimmte Gruppe ins Visier genommen wurde, von der keine Gegenwehr zu erwarten war: Die brutalste Gewalt erfuhren jene Kinder, deren Eltern arm waren und die sich darum nicht trauten, gegen die geballte gymnasiale Autorität anzutreten (vgl. Hopf, 2014).

Straf- und Prügelpädagogik gehörte bis in die 1970er Jahre zum pädagogischen Alltag. Dazu gehörte die Vorstellung, dass das Kind »geschlagen, geprügelt, mit einer als notwendig erachteten Härte und strategischer Gefühlskälte erzogen werden müsse, um es gesellschaftlich zu »zähmen« und zu einem wertvollen, nützlichen, angepassten Mitglied der Gesellschaft zu machen« (Hafeneger, 2013, S. 21). Körperliche Gewalt war selbstverständlich und wurde als ein unvermeidliches Erziehungsmittel betrachtet. Ich habe Lehrer kennengelernt, die bis in die 1980er-Jahre Kinder mit Schlägen zu disziplinieren suchten, angeblich, weil es in manchen Fällen eben nicht anders ginge. Was mich außerdem überraschte, war, dass sie von den Eltern nur wenig Kritik erfuhren. Am heuchlerischsten waren jene, die dieses Vorgehen mit Bibelversen begründeten und Kinder grausam mit dem Stock auf das Gesäß schlugen. Ein Satz des Salomon (13, 24), etwa 3000 Jahre alt, war das Leitmotiv: »Wer seine Rute schont, hasst seinen Sohn, doch wer ihn liebhat, nimmt ihn früh in Zucht«. Diese biblisch fundierte Prügelpädagogik berief sich noch auf ähnliche Sätze, die von »frommen« Lehrern und Pfarrern gerne zitiert wurden – von der Bergpredigt des Neuen Testaments haben sie leider weniger umgesetzt.

1995 habe ich in dem Dorf, in dem ich wohne, auf Wunsch einen Vortrag über Strafen mit einem kleinen Rückblick in die Vergangenheit gehalten. Ich forderte in meinem Referat, dass Kinder niemals geschlagen werden sollten. Eine Erziehung müsse durchgängig von Liebe getragen sein, in Kindergarten und Schule sowie in der Familie. Ich bekam von einem Hörer einen langen, sehr aggressiven Brief. Darin wurde mir vorgeworfen, dass ich mit meiner Ablehnung der Prügelstrafe die Zuhörer zur Sünde verführt hätte. Und dann führte er eines jener unsäglichen Zitate an, die verkünden, dass man sein Kind erst liebe, wenn man es züchtige. Ich betonte in meiner Antwort nochmals, dass Schlagen Gewalt sei und niemand berechtigt sei, irgendwen zu schlagen, Kinder zu allerletzt. Ich schrieb zudem, dass ich von Liebe eine andere Vorstellung habe und eine Religion ohne Liebe nur trostlos und schrecklich fände. Solcherart dogmatisches Prügeln und Misshandeln von Kindern bleibt eine unendliche Geschichte. 2013 wurde Mitgliedern einer Sekte in Bayern das Sorgerecht für die ihnen anvertrauten Kinder entzogen. Sie hatten bereits Dreijährige mit Rutenschlägen auf die Hand und den nackten Po gezüchtigt. Das Züchtigen war ein alltägliches »gottgewolltes« Erziehungsmittel, um das Böse, also den Teufel, aus den Kindern zu treiben (SZ, Nr. 209, 10.09.2013, S. 30). Zum Glück bleiben solche Auswüchse heutzutage eher Einzelfälle, und sie werden vor allem gebrandmarkt und geahndet.

Ein Kind ist nicht Besitz seiner Eltern. Es ist ein autonomes Wesen und jedes Kind gibt es in seiner Besonderheit nur einmal.

Eltern und Lehrer müssen auf die Bedürfnisse von Kindern eingehen. Eltern sollten aber auch die Bedürfnisse der Lehrer sehen und ihnen nicht einfach Schuld zuweisen, umgekehrt gilt Dasselbe. Ideal ist ein ständiger, vertrauensvoller Kontakt.

Der Anteil der Menschen, die in ihrer Kindheit völlig gewaltfrei erzogen wurden, ist zwischen 1992 und 2011 von 26 auf 52 Prozent angestiegen. Bei den 16- bis 20-Jährigen sind es bereits 63 Prozent. Dies hat auch zur Missbilligung von Gewalt insgesamt geführt und möglicherweise hat auch der Rückgang der Jugendkriminalität damit zu tun (Pfeiffer, C., in: SZ, 14.09.2013, S. 2).

Körperliche Gewalt kann auch aus Hilf- und Machtlosigkeit heraus entstehen. Wir sollten immer daran denken, dass die Belastungen in pädagogischen Beziehungen gegenseitig sind. Lehrer fühlen sich von schwierigen, störenden und verhaltensauffälligen Schülern oft stark belastet (Hafeneger, 2013, S. 83). Als ehemaliger Lehrer, Heimleiter und Supervisor kann ich das nur bestätigen: Sowohl in der Familie als auch in der Schule, vor allem jedoch im Heim, können Bezugspersonen allemal mit Aggressionsdurchbrüchen von Kindern und Jugendlichen konfrontiert werden. Das Gefühl von Hilflosigkeit, wenn sie die kindlichen Aggressionen nicht verbieten oder stoppen können, kann auch für erfahrene Erzieher oder Lehrer gelegentlich höchst beängstigend sein. Die Wut des Kindes oder Jugendlichen kann dann so infizieren, dass auch der Erwachsene von eigenen Gefühlen aus den Tiefen seines Unbewussten überschwemmt wird. Der Schulalltag ist für Lehrer voller Stressmomente, die nicht immer gleich zu erkennen sind. Oft sind es die ganz unscheinbaren Situationen, die aber hochbrisant sein können. Nur ein kleines Beispiel: Ein Lehrer hat ein Gedicht vorbereitet, das er selbst sehr liebt, das lebensgeschichtlich von großer Bedeutung für ihn ist. Oder es ist Musik, die ihn selbst bewegt, sogar aufwühlen kann. Er hat sich lange überlegt, wie er die Unterrichtsstunde didaktisch bestmöglich gestaltet. Am Höhepunkt des Ganzen zerstört ein Schüler die Stimmung mit einem groben Witz, einer Albernheit oder mit einer Entwertung – die Stimmung, von der diese Interpretation lebte, ist zerstört. Es ist wohl nicht zu verhindern, dass der Lehrer darüber extrem enttäuscht ist und in Wut geraten kann. Ich muss gestehen, dass das jene Momente in meinem Lehrerleben waren, unter denen ich selbst am meisten gelitten habe. Aber auch das muss ein Lehrer aushalten, ohne sich rächen zu dürfen.

An dieser Stelle meiner erhabenen Ideale muss ich jedoch einhaken. Als ich selbst Lehrer war, habe ich meine hohen Ziele leider immer wieder verraten. In meinem Vorwort habe ich es bereits angedeutet: Immer wieder bin ich gereizt oder sogar wütend und laut geworden. Ich war gelegentlich ungerecht und – zwar selten, aber dennoch – auch verletzend. Ich fürchte, dass fast alle Lehrer gelegentlich von Stimmungen überflutet werden, aber das entschuldigt nichts. Fast immer folgten große Schuldgefühle darüber, dass ich mich wieder einmal hatte hinreißen lassen – manche habe ich noch heute.

Natürlich werden – im Gegenzug – auch Lehrer gemobbt und beschämt, wie Umfragen bestätigt haben. Auch sie werden in der Schule geärgert, beleidigt und bedroht. Sie werden von Schülern schikaniert, aber auch von Vorgesetzten, Kollegen und vor allem von Eltern unter Druck gesetzt (Hafeneger, 2013, S. 102). Es kann deshalb jederzeit zur Eskalation kommen. Doch auch in solchen Situationen darf sich ein Lehrer niemals zu rächen versuchen.

Aber es gibt auch hier grenzwertige Situationen. So hat mir eine sehr fähige und einfühlsame Kinder- und Jugendlichen-Psychotherapeutin, die als Lehrerin in einer Hauptschulklasse unterrichtete, die folgende Szene anvertraut. Sie stand an der Tafel, mit dem Rücken zur Klasse, und erklärte ein schwieriges Problem aus der Algebra. Ein 15-jähriger Jugendlicher schlich sich von hinten heran und hob ihren Rock hoch, so dass sie in Unterwäsche dastand. Alle lachten. Die Scham der Lehrerin, aber auch ihre Verletzung und ihre Wut waren so groß, dass sie sich spontan umdrehte und dem Übeltäter eine gewaltige Ohrfeige gab. Das Gelächter der Klasse wurde noch lauter, und der Täter schlich beschämt und mit rotem Kopf an seinen Platz zurück. Das Erschrecken der Lehrerin war groß; hatte sie doch einen Schüler geschlagen, und damit sich selbst zur Täterin gemacht. Jetzt war sie den Eltern und dem Schüler ausgeliefert.

Aber war das eine Prügel»strafe«? Ich gehe davon aus, dass die Lehrerin zwar agiert, aber dennoch *richtig* gehandelt hat. Sie hat die pädagogische Situation, die Machtverhältnisse sowie ihre Integrität als Frau wiederhergestellt. Wenn sie es anders gekonnt hätte, wäre das möglicherweise für sie selbst einfacher gewesen, denn sie fühlte sich nach dem Vorfall sehr schuldig. Von einem Mann würde ich erwarten, dass er auch in einer solchen Situation nicht mit Schlagen reagiert. Diese Frau war von dem Schüler auch sexuell attackiert worden, ihr Backenschlag war Notwehr.

Strafen, Beschämungen und Bloßstellungen

Die Prügelstrafe ist abgeschafft und es ist zu hoffen für alle Zeiten, denn sie ist ein Verbrechen am Kind. Jetzt folgten anstrengende Zeiten des Umbruchs. Denn viele Menschen standen – und stehen heute immer wieder – vor der Schwierigkeit, Kinder gewaltfrei zu erziehen. Der Weg zu einer Erziehung, deren Grundlagen Liebe und Dankbarkeit sind, ist nicht leicht. Erziehung über Vorbildwirkung, Bewusstmachung und Einsicht? Das setzte von den Eltern und Lehrern mit einem Mal viel voraus und vor allem ganz anderes als bisher.

Es bedarf Empathie, um zu erspüren, was in einem Kind vorgeht, und sinnvolle, wirksame Strafen setzen Kreativität und Phantasie voraus. Dies ist zweifellos anstrengender als autoritäre Erziehung mit regelhaften Sanktionen. Diese neuen Forderungen zogen viele Zweifel, oft Hilflosigkeit nach sich. Zunehmend fehlten strukturierende, grenzsetzende Väter, mit denen sich Jungen auseinandersetzen und mit denen sie sich identifizieren konnten. Und im Kindergarten sowie in der Grundschule begegneten Jungen immer seltener Männern; diese hatten sich aus den pädagogischen Bereichen weitgehend zurückgezogen.

Väterliches Gesetz schwand immer mehr. Die bei manchen Kindern schon immer existierende Bewegungsunruhe war einst von einer Klammer eingegrenzt worden, die »auctoritas« oder auf Deutsch »Autorität« heißt und »Ansehen« bedeutet. Der Wegfall ihrer begrenzenden und haltenden Wirkung hatte zur Folge, dass die Unruhe mehr und mehr zu überborden begann. Der gesellschaftliche Rahmen hatte begonnen zu bröckeln.

Es war zu beobachten, dass viele Eltern die Dinge einfach laufen ließen. Sie fingen an, ihre Kinder zu verwöhnen, laissez-faire wurde zur Regel, Wohlstandsverwahrlosungen waren die Folge. Viele Kinder wurden immer unruhiger, unkonzentrierter. Mit der Abschaffung einer autoritären Erziehung und der Ächtung der Prügelstrafe wurden Kinder immer häufiger mit Medikation ruhig gestellt und ihre Unruhe wurde quasi »weggedrückt«. Pädagogische Probleme waren zu medizinischen geworden, die nicht mehr in Frage gestellt werden durften. Die ehemals klar abgegrenzte Störung ADHS wurde auf alle sozialen Störungen ausgedehnt. Nach psychodynamischen Ursachen durfte von jetzt an nicht mehr gefragt werden. Nach psychodynamischen Ursachen durfte von jetzt an nicht mehr gefragt werden, Pädagogen konnten diese Problembereiche mit Fug und Recht den Medizinern überlassen. Unruhe und Unaufmekrsamkeit waren mit einem Male nicht mehr Aufgebenfelder der Lehrer und zunehmend wurde vor allem von ihnen Medikation eingefordert. Pädagogen dürfen diese Probleme also mit Fug und Recht den Medizinern überlassen. Unruhe und Unaufmerksamkeit waren mit einem Male nicht mehr Aufgabenfelder der Lehrer und zunehmend wurde vor allem von ihnen Medikation eingefordert.

Erziehung ohne Strafe?

Sowohl in einer Familie als auch in Institutionen geht es nicht ganz ohne Strafen. Mehrheitlich männliche Jugendliche erreichen es heute gelegentlich, mit destruktivem Verhalten Angst und Schrecken zu verbreiten. Auf keinen Fall dürfen sie sich damit durchsetzen. Sie müssen mit ihrem Handeln rasch konfrontiert und die realen Machtverhältnisse müssen sofort wieder hergestellt werden. Strafen, immer im Sinne von »Wiedergutmachung«, sind dabei wichtige Grenzsetzungen. Strafe darf niemals auf Racheimpulsen beruhen, sie darf nicht sadistisch sein und Strafen Verhängen sollte auch nicht impulsiv geschehen – »Strafe« kann auch als logische Folge eines Verhaltens definiert werden. Ich wähle deshalb auch keine Beschönigungen oder irgendwelche politisch korrekten Bezeichnungen. Ich finde es richtig, »Strafe« zu sagen, schon, weil dieser Begriff deutlich macht, dass ein Kind auf diese Weise auch etwas wieder gutmachen kann.

Was bedeutet »Wiedergutmachung«? Der Psychoanalytiker Winnicott (1994, S. 112) hat darauf hingewiesen, dass es bewusste, aber auch unbewusste Schuldgefühle gibt. Auch Kinder, die vermeintlich keine Schuldgefühle zeigen, wenn sie Regeln überschritten, Dinge beschädigt und Menschen attackiert haben, leiden unter ihnen. Im schlimmsten Fall können sich aus unbewusstem Schuldgefühl heraus andere Probleme entwickeln, sogar weitere Regelverstöße. Es ist darum wichtig, mit einem Kind über den entsprechenden Vorfall zu sprechen und eine angemessene Strafe auszuhandeln. Sie macht den Vorfall nicht ungeschehen, verhindert jedoch das Aufkommen von unbewusster Schuld.

Erfahrungsgemäß gelingt es bei aggressiven Gefühlen weniger gut als bei anderen Affekten, sie in einem Innenraum zu halten und auszuhalten. Die Neigung, die drängenden Spannungen über averbales *Agieren* abzuführen, ist groß, bei Männern noch stärker als bei Frauen. Auch wurde bereits erwähnt, dass das Verhalten eines Kindes immer kränken und Wut nach sich ziehen kann, so dass auch reife Erwachsene Racheimpulse verspüren, die sie spontan und blindwütig ausleben möchten, oder – noch schlimmer – dass Erwachsene ihre verbale und intellektuelle Überlegenheit einsetzen, um ihre Haut zu retten und sich nur noch rächen möchten.

Hier entsteht eine neue Gefahr. Gewalt kann auch subtiler ausgeübt werden als über das Schlagen des Körpers. Durch Beschimpfen, Bloßstellung und Erniedrigung kann die Seele eines Kindes oder Jugendlichen ebenso schwer verletzt werden, so dass letztendlich die alten Machtverhältnisse wie früher wieder bestehen können. Es sollte aber immer auch daran gedacht werden: Selbst wohlmeinende Kritik kann als Herabsetzung und als Kränkung verstanden werden.

Scham ist eine spezifische Form von Angst. Sie wird durch eine drohende Gefahr der Bloßstellung, Demütigung und Zurückweisung hervorgerufen. Scham wird ab der zweiten Hälfte des zweiten Lebensjahres beim Kind deutlich. Wenn es sich sowohl selbst wie auch den anderen Menschen als eigenständige, getrennte Person erleben kann, wird Scham auch zur Grenze. Sie ist eine Form von Angst. Nach Meinung des Psychoanalytikers Leon Wurmser (1990) hat Schamangst zweierlei Aufgaben: Sie ist entweder eine Antwort auf eine Situation bereits erfahrener Hilflosigkeit, kann aber auch als Signal dienen, das schon durch eine mildere Form von Ablehnung ausgelöst wird und vor einer noch intensiveren Zurückweisung warnt. Dadurch kann ein Kind dann in ständige Angst und Rückzug geraten, gar keine aggressiven Regungen mehr zeigen und in eine gewisse Starre verfallen.

Die autoritären Strukturen sind in vielen Bereichen zerfallen, samt jenen gesellschaftlichen Bedingungen, die einst den autoritären Charakter hervorgerufen hatten. Nicht mehr die Erziehung durch Erwachsene, sondern das Bedürfnis- und Beziehungsleben des Kindes stand von jetzt an im Mittelpunkt der Familiendynamik. Aus dem autoritären Erziehungsstil wurde ein partnerschaftlicher, verhandlungsorientierter. Erziehungsvorstellungen waren nicht mehr Gehorsam und

Unterordnung, sondern Selbständigkeit und freier Wille. Diese sind mittlerweile zu einem allgemeinen Ideal geworden. Die Macht erwachsener Erziehungspersonen, speziell der Eltern, ist geringer geworden. An die Stelle einer autoritären Kontrolle ist jedoch zunehmend eine psychologische getreten. Druck wird mittlerweile anders ausgeübt, beispielsweise durch das Bereiten von Schuldgefühlen, Manipulationen und mittels intrusivem Verhalten. Nach wie vor können durchaus auch Beschämungen – von Eltern und Lehrern – als »Erziehungsmittel« eingesetzt werden, so dass Kinder zu Hause und in der Schule frustriert werden. In einer Studie der TU München gab jeder dritte Schüler an, bereits Opfer schwerer verbaler Aggressionen eines Lehrers gewesen zu sein und immerhin hatten 12 Prozent auch bereits körperliche Gewalt erlebt (SZ, 01.12.2008, S. 16). Diese Kinder können durchaus langfristig mit Ängsten oder destruktiver Wut reagieren. Natürlich muss immer realisiert werden, dass Lehrer eine institutionalisierte staatliche Macht besitzen, hinter die sie sich zurückziehen und die sie ausspielen können. Aber ob sie das tatsächlich tun, hängt von der jeweiligen Persönlichkeit des einzelnen ab.

Schwellensituationen, Schule und Schulpflicht

Während der Entwicklung eines Kindes gibt es immer wieder Meilensteine, die es erreichen muss, etwa erstes Lächeln, Achtmonatsangst, Bindung, Trennung, Loslösung, Wiederannäherung … Es existieren aber auch viele Schwellen, die überschritten werden müssen. In der Regel ist der Kindergarten für die meisten Kinder noch eine leichtere Übung, denn sein Besuch wird nur dann Verpflichtung, wenn es die familiäre Situation erfordert – bislang hat sich der Staat wenigstens hier noch nicht eingemischt.

Schule hingegen ist Pflicht. Jetzt gilt für Eltern und Kind ein Gesetz, das der Staat geschaffen hat. Also ist Schule auch Teil des Realitätsprinzips, das dem Lustprinzip eine Grenze setzt. Die Verantwortung für das Kind übernehmen jetzt – nach den Erzieherinnen des Kindergartens – Lehrerinnen und Lehrer, die das Kind erziehen, bewerten, kritisieren und loben werden. Das setzt ein sechsjähriges – oder noch jüngeres – Kind, das bislang eher spielerisch und individuell in die Welt eingeführt wurde, unter erheblichen Druck. Aber auch die Haltung der Eltern verschärft sich oft. In der Regel wünschen sie ja, dass ihr Kind herausragende Leistungen zeigt, dass es diszipliniert, konzentriert und aufmerksam ist. Das kann auch Rivalitäten zwischen Eltern und Lehrerinnen und Lehrern schaffen – bis hin zu, im schlimmsten Fall, gegenseitigen Feindseligkeiten. Die Einschulung kann also für ein Kind durchaus eine große Herausforderung und eine entscheidende Veränderung seines bisherigen Lebens bedeuten.

Meinen eigenen ersten Schultag erinnere ich nur schwach, denn eine offizielle Einschulung gab es nicht. An jenem Tag, als ich ins Flüchtlingslager kam, wurde die erste Klasse bereits unterrichtet, so dass ich einfach dazu kam und mitmachte. Zum ersten Male hatte ich nach der Vertreibung und fünf Umzügen mit dem Flüchtlingslager einen sicheren Ort. Ich erinnere diese ersten Schuljahre als eine wunderbare Zeit, in der es so viel Interessantes und Überraschendes zu hören, zu sehen und zu lernen gab. Wir hatten zudem eine engagierte, mütterliche Lehrerin, die uns mit viel Liebe in die geistige Welt einführte. Die damalige Schule in einer kargen Baracke des Flüchtlingslagers war ein kleines Paradies im Chaos der Nachkriegszeit. Schon damals wurde mir klar, was später empirisch belegt wurde. Am wichtigsten für einen gelungenen Unterricht ist ein engagierter, einfühlsamer Lehrer. Den vergessen wir nie, ebenso wenig wie einen schlechten, desinteressierten und womöglich sadistischen Pauker.

Bis heute ist der erste Schultag ein wichtiges Ritual. Mit leuchtenden Augen kommen die kleinen Mädchen und Buben zu diesem besonderen Tag in die Schule, begleitet von ihren ebenso erwartungsvollen Angehörigen, Eltern, Taufpaten, Großeltern. Auf dem Rücken tragen sie einen nagelneuen Ranzen, in den Armen eine Riesenschultüte mit vielversprechendem Inhalt. An diesem Tag trägt noch jedes Kind den Marschallstab in seinem Tornister, die Welt zum systematischen Lernen steht offen. Ich habe diesen Tag als Vater erlebt und habe mich auch als Lehrer immer am Rande daran erfreut. Die Zweitklässler haben kleine Theaterstücke vorbereitet, singen fröhliche Lieder und die Erstklasselehrerinnen, die die Kinder empfangen, tun alles, um diesen Tag zu einem glücklichen werden zu lassen. Ich selbst habe mit einer befreundeten Lehrerin regelmäßig zur Einschulung Kasperltheater gespielt und mir diesen Tag noch frei gehalten, als ich längst anerkannter Supervisor war.

Aber für viele Kinder bleibt die Aufbruchsstimmung leider nicht erhalten, wie bereits in der Einleitung angedeutet. Der Druck von verschiedenen Seiten nimmt zu. Das kann Stress bereiten, der sich auf die jeweilige Struktur eines Kindes unterschiedlich auswirken wird.

Auch unter idealen Bedingungen ist es möglich, dass die neue Welt voller Anstrengungen und neuer Pflichten verdrängte Ängste spürbar werden lässt und dass die »Schwelle Schulbeginn« gelegentlich eine sehr hohe, manchmal eine zu hohe sein kann. Jedes Kind kann jetzt Reaktionen zeigen, sensible Kinder ganz besonders. Trennungsängste können manifest werden, eine Schulphobie kann sich langsam entwickeln.

Auch regressive Tendenzen können sich durchsetzen. Gelegentlich zeigen sich Ängste und Überforderungen in Gestalt von körpernahen Symptomen, sodass Ängste nicht direkt gespürt werden, aber der Körper zur Angststätte wird, wie in dem folgenden Fall.

Michaels Erbrechen

Michael ist sechs Jahre und vier Monate alt. In zwei Wochen soll der erste Schultag sein, der große Tag, den er so sehr herbeisehnt. Seit Längerem macht Michael nichts lieber, als an seinem Schreibtisch zu sitzen, zu malen oder in Großbuchstaben, welche er sich abgeguckt hat, zu schreiben. Er zeigt reges Interesse an der Umwelt, sucht ständig nach Ursachen und Erklärungen: wie etwas hergestellt wird, warum es so ist, wie es ist, wie es funktioniert und vieles mehr.

Auch körperlich ist in letzter Zeit ein deutlicher Wandel bei ihm eingetreten. Er hat sein kleinkindhaftes Gepräge verloren, ist größer geworden, wirkt schlaksiger als früher und der Zahnwechsel setzt auch schon ein bisschen ein. Schon seit längerer Zeit zeigt er eine bemerkenswerte Ausdauer, auch bei langwierigen und schwierigen Aufgaben. Anders als früher erledigt er jedoch nicht nur solche Arbeiten und Aufgaben, welche ihm spontan Lust und Freude bereiten, sondern auch schon solche, die an ihn herangetragen werden. Aus dem Kleinkind Michael ist ein Schulkind geworden. Und die Wartezeit, bis es endlich losgeht, wird ihm elend lang. Die Vorfreude Michaels auf die Schule und die Freude seiner Eltern darüber überdecken momentan zwei Probleme:

— Michael hat einen drei Jahre jüngeren Bruder, Peter. Auf ihn ist er in letzter Zeit besonders eifersüchtig, wenn dieser etwas bekommt und Michael ausnahmsweise nicht, wenn sich die Eltern um Peter kümmern oder wenn ihn Besucher so süß und drollig finden. So ärgert Michael den Kleinen öfters, schlägt ihn auch manchmal und zeigt seine Wut ihm gegenüber ganz unverhohlen. Besonders eifersüchtig ist Michael, wenn sich die Mutter intensiv mit dem kleinen Peter beschäftigt. Und hier folgt das Problem Nummer zwei:
— Zur Mutter hat der Junge ein besonders enges und intensives Verhältnis. Immer wieder hatte Michael vor allem dann Schwie-

rigkeiten, wenn er sich kurzzeitig von ihr trennen musste. Ähnliche Schwierigkeiten übrigens, wie sie auch die Mutter teilweise in solchen Situationen spürte: als Michael in den Kindergarten kam, wenn er Freunde besuchte oder bei selbstständigen Botengängen. Damit scheint er in letzter Zeit zwar leichter und selbstverständlicher umgehen zu können, aber Michaels Lust am Schreiben und Malen und am selbstständigen Erledigen von Aufgaben scheint auch damit zusammenzuhängen, dass er es in der Nähe der Mutter tun kann.

Der Tag der Einschulung: Glücklich lächelnd sitzt Michael mit seiner prall gefüllten Schultüte zwischen den Eltern auf der Schulbank. Am nächsten Tag soll es richtig losgehen. Aber am folgenden Morgen ist Michael ganz bleich und müde. Er fühlt sich sehr heiß an und dann muss er sich plötzlich erbrechen. Es ist ausgeschlossen, dass er so zur Schule gehen kann.

Die Eltern sorgen sich. Warum wird Michael gerade heute krank? Sicher, eine Infektion mit Erbrechen geht momentan bei Kindern um. Doch ist es wirklich Zufall, dass der Junge gerade heute, an diesem für ihn so wichtigen Tag, krank wird? Michael muss den ganzen Tag über immer wieder erbrechen, liegt bleich und mit Fieber im Bett, hält seinen Stoffbären ganz fest, und die Mutter muss neben ihm sitzen, ihn beim Erbrechen stützen und ihm Geschichten vorlesen. Geduldig nimmt er auch alle Medikamente, welche der Arzt verordnet hat, lässt alle Anwendungen über sich ergehen.

Fieber und Erbrechen verschwinden so plötzlich, wie sie kamen. Am Tag darauf ist Michael wohlauf, packt den Schulranzen ständig aus und ein und fragt dauernd nach der Schule und den Hausaufgaben. Also darf er am nächsten Tag in die Schule gehen.

Michael hat in der folgenden Zeit offensichtlich Spaß und Freude an der Schule. Er erledigt seine Hausaufgaben mit Begeisterung und freut sich meistens auch schon auf den nächsten Schultag. Nur eines fällt den Eltern auf: Sein Pausenbrot und seinen Saft, den er sonst so gerne mag, bringt er, der sonst zu Hause Riesenportionen verdrückt, oft wieder mit nach Hause. Und als Begründung sagt er: »Ich schaff's nicht!«

Drei Wochen später ist er wieder krank: Fieber und heftiges Erbrechen – die gleichen Symptome wie am zweiten Schultag. Michael kann also wieder nicht zur Schule. Und jetzt fragen sich die Eltern, was die erneute Ansteckung zu bedeuten hat. Oder ist es wieder »nur Zufall«? Die Mutter erinnert sich, dass Michael in letzter Zeit einige Male in Tränen ausgebrochen ist, als er die Hausaufgaben machte, und sagte: »Ich schaff's nicht!« Dem Vater fällt ein, dass Michael ihn gestern gefragt hatte, ob er ihm bei den Hausaufgaben helfen könne. Das hatte der Vater ihm abschlagen müssen, weil er einen beruflichen Termin wahrzunehmen hatte.

Der Vater fragt die Lehrerin, ob in der Schule irgendetwas Besonderes vorgefallen sei. Nein! Michael sei aufmerksam und interessiert, mache alles pünktlich und ordentlich. Gestern sei er allerdings ein bisschen seltsam gewesen. Sie habe ihm eine ziemlich einfache Aufgabe gestellt, eine, die er sonst spielend erledigt habe. Da hätte er auf einmal gemeint: »Ich kann's nicht!« Sie habe ihm gut zugeredet, dass er das doch früher schon gemacht und gut gekonnt hätte. Michael sei aber ganz störrisch geworden und habe plötzlich mit einer seltsam hohen Babystimme gesprochen. Und alle weiteren Versuche, ihn davon zu überzeugen, dass er die Aufgabe doch leicht lösen könne, seien an seinem bockigen Widerstand gescheitert.

Michael scheint durch die Einschulung in eine Krise geraten zu sein, und die neuerliche körperliche Erkrankung mit Fieber und Erbrechen ist offenbar ihr Ausdruck, womöglich ihr Höhepunkt. In Michael streiten sich zwei entgegengesetzte Kräfte. Aus dem Kleinkind ist ein Schulkind geworden, das am Erobern und Begreifen der Welt interessiert ist, ein Junge, der sich von den Eltern lösen und selbst etwas lernen und leisten möchte. Dieser Schritt in die Selbstständigkeit löst aber gleichzeitig auch Ängste davor aus, sich von den Eltern so weit zu entfernen, alles allein schaffen zu müssen. Hatte er nicht vor dem Ausbruch der Krankheit beim Vater vergeblich um Hilfe nachgesucht? Der kleine Bruder dagegen darf noch den ganzen Tag zu Hause sein, von der Mutter umsorgt und gehätschelt werden.

Diese Ängste beim Schritt in die neue Welt wirken in die entgegengesetzte Richtung und fördern den regressiven Wunsch, wieder ein Kleinkind zu sein, das von der Mutter geliebt und verwöhnt und vom Vater ermuntert und unterstützt wird; sich wohlig wieder zurückfallen zu lassen, gepflegt und umsorgt zu werden. Die Angst, dies zu verlieren, hält den Jungen fest. Es scheint jetzt einen Augenblick lang so, als müsse er sich zwischen dem Sicherheit gebenden alten Status und dem spannenden neuen entscheiden, und das hieße ja, loszulassen und auf etwas zu verzichten. Aber das kann Michael nicht. So lässt er sich in die Krankheit zurückfallen, und die Krankheit zeigt ihm, dass er nicht verzichten muss: Bei seinem Schritt in die Welt kann er die Liebe der Eltern durchaus »mitnehmen«.

Den Eltern fiel durch die Krankheit auf, mit welcher bestimmten Überzeugung sie von dem Jungen angenommen hatten, dass er besonders gut und leicht in der Schule zurechtkommen würde. Damit aber lastete auf dem Jungen ein Leistungszwang, der die für ihn ohnehin schwierige Situation, ohne die Unterstützung der Eltern für sich selbst einstehen zu müssen, verschärfte. Damit geriet er ständig an die Grenze seiner Fähigkeiten (»Ich schaff's nicht!«), flüchtete endlich ein zweites Mal in die Krankheit und proklamierte damit den Kleinkind-Status für sich.

Das wurde den Eltern klar, als Michael so klein und bleich in seinem Bett lag und sich pausenlos erbrechen musste. Wie konnten sie helfen? Indem sie mit ihm lernten, mit ihm über seine Arbeiten sprachen? Wie konnten sie ihm signalisieren, dass sie ihm auch dann nahe waren, wenn er alleine in der Schule lernte?

Michael wurde auch diesmal wieder sehr schnell gesund, und es war erstaunlich, wie gewandelt, ja gestärkt er aus der Krankheit hervorging. Michael ging von nun an ohne die dauernden Skrupel und Zweifel, es nicht schaffen zu können, in die Schule,. Wenn ihm jetzt etwas nicht so recht gelingen wollte, legte er es zur Seite und meinte: »Das mach ich am Abend mit dem Papa.« Plötzlich wirkte er mächtig stolz, dass er zur Schule gehen konnte, und er wurde auch nicht mehr krank.

Es war, als habe ihm die Krankheit plötzlich Einblick in seinen vermeintlich unlösbaren Konflikt gewährt. Als er es »nicht mehr geschafft hatte«, hatte er die Zuwendung und Liebe der Eltern im Übermaß erhalten. Er musste also keineswegs auf seine Neugier und seinen Tatendrang verzichten. Nun, da er sich der Liebe und Zuwendung seiner Eltern sicher war, war Kleinkind Sein nicht mehr so verlockend. So konnte er sich für die vorantreibenden Energien in ihm entscheiden, für den Schritt in die »neue Welt«.

Die Krankheit hat in diesem Fall also nicht nur die Eltern nachdenklich gemacht und ihr Verhalten beeinflusst. Sie war der Höhepunkt einer der vielen Ablösungskrisen, die Kinder im Verlaufe ihrer Entwicklung durchmachen müssen. Sie hatte dem Jungen eine Erfahrung vermittelt, durch die er den scheinbaren Konflikt, in dem er sich vorher befunden hatte, auflösen und jetzt mit neuen Kräften vorangehen konnte. Nicht immer haben solcherart Krankheiten diese Wirkung. In anderen Fällen erzeugt die Krankheit womöglich neue Unsicherheit und Zweifel. Wenn Krankheiten sogar seelische Schäden nach sich ziehen, können neue Erkrankungen folgen, ja, es können sich chronische Krankheitsbilder ergeben, die darauf hindeuten, dass hier eine ungelöste Problematik verschleppt wird (vgl. Hopf, 2007).

Michaels Geschichte aber ist typisch für die übergroße Mehrzahl von Krankheitsfällen im Alltag. Und ich finde, dass an ihr besonders gut abzulesen ist:

Krankheit ist nicht nur ein »Feind« der Menschen, etwas Schlimmes, das möglichst schnell mit Medikamenten wegtherapiert werden muss, sondern auch eine Möglichkeit für uns, in schwierigen Situationen unser inneres Gleichgewicht zurückzugewinnen und Kraft für neue Aufgaben zu schöpfen (Hopf, 2008).

Michaels Geschichte lässt aber noch etwas anderes deutlich werden. Die Einschulung ist eine Schwelle, die auch sicher gebundene und normal entwickelte Kinder noch einmal stolpern lassen kann. Kinder sollen autonom werden, aber in schwierigen Zeiten brauchen sie immer noch die Unterstützung ihrer Eltern. Weil die Eltern das rechtzeitig erkannt haben, hat Michael seine Krise rasch überwunden. Es gab auch in der Folge weder von seiner Seite noch von der Seite der Mutter Trennungsängste, so dass die Schule nicht zum »Sündenbock« gemacht werden musste. In solchen Fällen wird von manchen Eltern rasch vermutet, dass in der Schule etwas geschehen sein müsse, weshalb das Kind jetzt verstört sei. Vorbildlich waren hier die Kooperation und das vertrauensvolle Gespräch mit der Lehrerin, völlig ohne Schuldzuweisungen. Das oberste Ziel, um einem Kind helfen zu können, sollte immer sein, dass Eltern und Lehrer eine Allianz bilden. Eine solche Zusammenarbeit ist bei einer Schulphobie unumgänglich, wenn die Therapie greifen soll.

Die nächste Schwellensituation nach der Einschulung ist der Wechsel auf eine weiterführende Schule. Meiner Erfahrung nach entstehen Schulphobien am häufigsten während dieser Phase. Dies kann aber auch daran liegen, dass sich in jenen Entwicklungszeiten erste hormonelle Veränderungen der Pubertät bemerkbar machen können. Die Konflikte der Adoleszenz, insbesondere die Forderung nach Autonomie, verschärfen die Trennungsproblematik. Nicht zu unterschätzen ist das Ende der Schulzeit, was für so gut wie alle Jugendliche nochmals eine einschneidende Trennungssituation bedeutet. Nicht selten zieht das Abitur mit nachfolgendem Abschied von der Familie große

Angst und Depression nach sich, was Beratung erfordert oder sogar behandelt werden muss. Belastende Lebensereignisse sind außerdem Umzüge, Schulwechsel, die Trennung der Eltern sowie die Bildung neuer Stieffamilien. In solchen Umbruchzeiten können immer wieder unbewältigte Konflikte als Schulangst manifest werden.

Konflikte werden in Beziehungen getragen – der Lehrer als Objekt für Übertragungen

Auseinandersetzungen von Schülerinnen und Schülern mit Lehrerinnen und Lehrern sind die Regel, genauso wie Konflikte zwischen Eltern und ihren Kindern. Früher haben Kinder ihren Eltern eher wenig davon erzählt, denn zumeist wurde den Lehrern Recht gegeben. Ich erinnere mich, dass Eltern von Schülern früher häufig im Gespräch zu mir meinten, wenn ihr Junge frech würde, sollte er ruhig »ein paar auf die Backen kriegen« – getan habe ich das natürlich nie.

Das ist heute glücklicherweise anders geworden. Gelegentlich hat es sich sogar ins Gegenteil verkehrt, dass nämlich Lehrer von Eltern vorschnell beschuldigt werden, ehe die Sachlage geklärt ist. Nach Josef Kraus gibt es mittlerweile Eltern, »die ihren Nachwuchs ab der ersten Stunde an der elektronischen Nabelschnur des Mobiltelefons durchs Leben geleiten und beim kleinsten seelischen oder körperlichen Wehwehchen herbei stürmen, um alles wieder ins Reine zu bringen« (2013, S. 11). Solche überfürsorglichen Eltern, die sich vehement und blind für ihr Kind einsetzen, gibt es tatsächlich. Die meisten Eltern reagieren jedoch angemessen, indem sie erst einmal die Situation zu klären versuchen. Denn nicht immer entspricht das, was ein Kind berichtet, völlig der Realität. Wirklichkeiten können auch ohne Absicht und unbewusst verzerrt werden.

Dazu ist es notwendig, zwei Begriffe zu klären. Zuerst ein kleines Beispiel: Ein Mann hat eine heftige Auseinandersetzung mit seinem

Chef, traut sich aber nicht, sich angemessen zu wehren. Als er nach Hause kommt, raunzt er seine Frau wegen einer Kleinigkeit an. Diese erschrickt, fühlt aber, dass es momentan besser sei, ihren Mann jetzt nicht durch Gegenwehr zu reizen. Später, im Kinderzimmer, weist sie – sehr ungehalten – die zehnjährige Tochter zurecht, weil diese ihr Zimmer wieder nicht aufgeräumt habe. Als die Mutter das Zimmer verlassen hat, wirft die Tochter voller Wut ein Stofftier gegen die Wand. Was ist geschehen? Keiner der Beteiligten hat sich getraut, sich im rechten Moment angemessen zur Wehr zu setzen, weil die Angst vor dem Anderen zu groß war. Die entsprechende Gefühle, hier Ärger und Wut, wurden auf einen »ungefährlichen« Unbeteiligten *verschoben*. Derselbe Mechanismus kann auch durch vergangene Ereignisse ausgelöst werden. Dann können unbewusst gebliebene positive oder negative Gefühle auf einen Menschen gerichtet werden, der sie durch eine bestimmte Eigenschaft oder Handlung wiederbelebt hat. Das bezeichnen wir als Übertragung.

Nachdem ich meine psychoanalytische Ausbildung absolviert hatte, war ich neben meiner Praxis als Kinderpsychoanalytiker weiterhin als Lehrer tätig. Ich begann, es spannend zu finden, was ein Lehrer mit den Augen eines Psychotherapeuten alles sehen kann. So versuchte ich, auch in der Schule unbewusste Phänomene zu erkunden. In der Praxis achtete ich auf mögliche unbewusste Zusammenhänge bei Lehrer-Schüler-Beziehungen. Ich wollte verstehen, was hinter Lernstörungen und Leistungsabfall verborgen sein könnte, versuchte insbesondere zu begreifen, was zu guten und was zu schlechten Beziehungen führen konnte. Der folgende Fall aus meiner Praxis machte mir etwas Wichtiges bewusst (vgl. Hopf, 1976, S. 620f.).

Der 16-jährige Jens war unehelich geboren worden und von seiner Mutter zu jenem Zeitpunkt nicht gewünscht. Der Vater war verheiratet und wollte sich nicht von seiner Familie trennen. Deshalb beendete er die Beziehung. Die Mutter war als Künstlerin aus beruflichen Gründen oft abwesend und konnte das Kind nicht kontinuierlich versorgen. Von den ersten Lebenswochen an wurde der kleine Jens von einer Pflegestelle zur anderen weitergereicht. Als er fünf Jahre alt war, nahm ihn die Mutter schließlich dauerhaft zu sich, blieb jedoch weiterhin berufstätig und überließ den Jungen oft sich selbst und seinen Phantasien. Als er vierzehn Jahre alt ist, beginnt Jens zunehmend von Suizidabsichten zu sprechen. Er leidet an depressiven Verstimmungen, vielen anderen quälenden Symptomen und seine Leistungen im Gymnasium fallen rapide ab. Jens kommt zu mir in analytische Psychotherapie. Innerhalb von zwei Jahren werden seine Leistungen wieder so gut, dass er zeitweise sogar Klassenbester ist.

Da hört er ein auf Englisch gesungenes Lied von einem Mädchen, das daran erinnert wird, dass seine Mutter im Krieg gestorben ist. Der Vater ruft es in die Wirklichkeit zurück (»Come away, Melinda«). Beunruhigende Phantasien steigen in Jens auf und er malt in stundenlanger akribischer Arbeit den Inhalt des Liedes: Ein weinendes Mädchen kniet neben der Leiche seiner Mutter, die von einem Panzer überrollt und zermalmt worden ist. Jens ist künstlerisch begabt und das Bild ist von einer erschreckenden Eindringlichkeit.

Mit Jens beginnt eine Verwandlung. Sein liebstes Schulfach ist bis jetzt der Kunstunterricht gewesen. Von seiner Zeichenlehrerin hat er sich gut verstanden gefühlt und sie auch sehr geschätzt. Plötzlich findet er, dass sie vom Malen nichts verstünde, dass sie unfähig sei, ihn gerecht zu beurteilen. Er fertigt seine Arbeiten nur noch nachlässig und schlampig an. Den (völlig zu Recht) erteilten Tadel sieht er als Bestätigung, dass diese Frau ihn nie verstanden hat und ihm, wie alle anderen Menschen auch, übel will. Seine Wut steigert sich ins Grenzenlose, er phantasiert in der Therapie, was er dieser Frau alles antun könnte, und erzählt immer wieder, wie sehr er sie hasse.

Ich vermute, dass die ganze verdrängte Wut auf die Mutter, die den kleinen Jens einst im Stich gelassen hatte – so hat er das unbewusst wahrgenommen –, in dem Jungen wieder lebendig geworden war. Aber dieser Hass bereitete auch Angst und Schuldgefühle, denn er war ja andererseits von seiner Mutter abhängig. Unbewusst übertrug der Junge deshalb alle jene negativen Gefühle, die eigentlich der Mutter galten, auf die ungefährliche Zeichenlehrerin, die diesem Prozess hilflos gegenüber stand und den Jungen und die Welt nicht mehr verstand.

Dieses Beispiel ist geeignet, die wichtigsten Eigenschaften von »Übertragungsreaktionen« aufzuzeigen: Die Hassgefühle des Jungen auf die Lehrerin, die der realen Situation überhaupt nicht angemessen waren, sind, wie zuvor erklärt, die »Neuauflage« einer alten Beziehung. Dieses eigenartige Phänomen wurde von Sigmund Freud bei der Behandlung seelisch Kranker entdeckt. Übertragungsreaktionen kommen bei allen Menschen vor. Besonders frustrierte und unglückliche Menschen, aber auch viele Pubertierende, neigen auch in Alltagssituationen zu solchen Übertragungen. Als Objekte eigenen sich Personen, die eine ähnliche Funktion ausüben, wie sie ursprünglich von den Eltern wahrgenommen wurde.

Die enge und relativ lang andauernde Beziehung eines Schülers zu seinem Lehrer beschwört zwangsläufig eine solche Situation herauf: Der Lehrer bietet sich – wie der Psychotherapeut, jedoch ungewollt – dem Schüler als Übertragungsobjekt geradezu an. Der wesentliche Unterschied der schulischen Situation zur psychotherapeutischen dürfte vor allem der sein, dass den Lehrer Übertragungsreaktionen völlig unvorbereitet treffen und er im Regelfall damit nicht umzugehen weiß.

Der Schüler oder die Schülerin stellt die kindliche Situation von einst wieder her, um den alten Konflikt neu auszutragen und Unerledigtes zu Ende zu führen. Hierbei wirkt ein zäher unbewusster »Wiederholungszwang«: Alte Enttäuschungen werden mitprovoziert und die Situation wird von Beginn an so arrangiert, dass sie nicht zur Lösung führen kann, sondern der Erfolg zwangsläufig wieder zunichte gemacht werden muss. Hieraus ergibt sich die paradoxe Situation, dass jemand wie Jens, der seine unerfüllten Wünsche nach Liebe und Zuwendung endlich befriedigt wissen möchte, in seinen »Übertragungsobjekten« immer wieder Ablehnung, Abneigung und Abscheu hervorrufen muss. Jede neue Beziehung wird somit zwangsläufig ähnlich ausgehen wie jene frühe zwischen Mutter und Kind. Und da der Konflikt nur agiert und nicht gelöst wird, ist Jens gezwungen, mit immer neuen Übertragungsobjekten das gleiche Spiel mit den gleichen Enttäuschungen aufs Neue zu konstellieren.

Schon anhand des wenigen bisher Gesagten können wir vermuten, dass Übertragungsreaktionen eine Quelle großer Probleme für die pädagogische Arbeit darstellen können. Und fast kann man verallgemeinern, dass Übertragungsreaktionen immer dann eine wesentliche Rolle spielen, wenn unüberwindliche Schwierigkeiten in der Beziehung des Lehrers zum Schüler (aber auch umgekehrt!) auftreten. Werden sie jedoch erkannt und richtig verstanden, so können sie für den Lehrer ein Werkzeug von großem Wert sein und ihre mögliche Handhabung könnte Möglichkeiten für die schulische Arbeit beinhalten.

Die »negative Übertragung«
Von einer negativen Übertragung sprechen wir, wenn Übertragungsgefühle vorherrschen, die auf Hass, Wut, Feindseligkeit, Neid, Verachtung und Ähnlichem beruhen. Meist besteht kaum die Gefahr, sie zu übersehen. Die Schwierigkeiten liegen vielmehr darin, dass diese speziellen Übertragungsreaktionen für den als Objekt fungierenden Lehrer nur schwer zu ertragen sind und er leicht ins Handeln geraten kann.

Eine Schulklasse kann zur Bühne aller möglichen Auseinandersetzungen werden, die zu Hause – aus vielerlei Gründen – nicht gewagt werden.

Ein Beispiel: Der 15-jährige Matthias gilt als Schläger. Er ist Mitglied einer Rockergruppe, und es laufen zwei Gerichtsverfahren wegen Körperverletzung gegen ihn. Seine langen blonden Haare, den muskulösen Körper und seine tätowierten Arme stellt er gerne zur Schau. Die Mitschüler schwanken zwischen Furcht und Bewunderung, in der Ablehnung einig sind sich allerdings fast alle Lehrer, die sich durch das provokante Verhalten und die machohafte Zurschaustellung abgestoßen fühlen. Der Vater von Matthias, ehemaliger Ringer, versucht den (wie viele Pubertierende) mit ungeschickten Mitteln revoltierenden Jungen gewaltsam zur Räson zu bringen. Von klein an unterdrückte er bei dem Jungen aufkeimende Gegenmeinungen mit Strenge und schlug ihn immer wieder, manchmal, bis der Junge zusammenbrach. Die Mutter versuchte ihn dabei vergeblich zu schützen, auch jetzt versucht sie immer wieder, zwischen den Lehrern und ihrem Sohn zu vermitteln.

Zum offenen Konflikt kommt es, als Matthias eines Tages vom Hausmeister aus nichtigem Grund »frecher Zigeuner« geheißen wird. Der Junge sieht rot, schreit zurück, er werde ihn bei passender Gelegenheit totschlagen. Auch der hinzugeholte Aufsicht führende Lehrer wird von dem Tobenden, der offenbar jegliche Kontrolle über seine Affekte verloren hat, niedergebrüllt.

Matthias hat sich schon früh mit der Brutalität des Vaters identifiziert, einfach weil ein anderes männliches Identifikationsobjekt fehlte. In jedem vermeintlichen Angreifer sieht er unbewusst den brutalen Vater und manipuliert durch aggressives Vorgehen sein Gegenüber so, dass es diese Rolle willig übernimmt und »mitspielt«.

Zu der Zeit bin ich Matthias' Klassenlehrer und werde beauftragt, ihn zu bestrafen. Ich halte es nicht für ganz verkehrt, hierfür einen Unbeteiligten zu beauftragen, weil der zumeist keine Rachegedanken trägt. Auf meine Frage nach den Vorgängen reagiert Matthias wie zuvor: anmaßend, ausfällig und mit einem zügellosen Wutausbruch. Ich fühle in mir Zorn aufkeimen, verspüre einen kurzen Impuls, den Jungen fertig zu machen und ihm endlich zu zeigen, wer hier der Stärkere ist. Da erinnere ich mich an ein Gespräch mit der Mutter und entdecke, dass ich selbst so zu denken beginne wie der Vater des Jungen, den dieser so verachtet. Nach einer kurzen Pause, in der es mir gelingt, meine Affekte wieder in den Griff zu bekommen, sage ich ruhig, aber bestimmt: »Es ist ein schlimmes Gefühl, wenn man angegriffen wird. Ich kann verstehen, dass du sehr wütend bist und dich wehren möchtest.« Matthias schweigt schlagartig, fällt regelrecht in sich zusammen und bricht in heftiges Weinen aus. Schluchzend stammelt er: »Ich weiß doch auch nicht, warum ich immer so schnell in Wut gerate. Ich kann doch aber nichts dagegen machen!«

Weil ich festgeblieben bin, aber meine einfühlende Haltung nicht aufgegeben habe, wurde der Teufelskreis ein wenig durchbrochen. Ich habe nicht mitagiert und somit nicht mehr als Übertragungsobjekt getaugt. Matthias erlebte mit einem Mal seine Affekte als fremd, so als seien sie nicht zu ihm gehörig. Allmählich begann er zu ahnen, dass sie eigentlich gar nicht den Lehrern galten, sondern einem ganz anderen, bisher nicht gelösten Konflikt entstammten.

Ich konnte so handeln, weil ich meine Gefühle und Reaktionen auf die Übertragungen des Jungen als diagnostisches Moment einschaltete: In meiner »Gegenübertragung« – dem Spiegelbegriff zur Übertragung – nahm ich wahr, dass der Junge mich zum strafenden brutalen Vater »machte« und konnte daraufhin den Wiederholungszwang durchbrechen.

Gefährlich wird es, wenn der Lehrer eigener »blinder Flecken« wegen (nicht bewältigter Kindheits- und Pubertätskonflikte) seinerseits mit Übertragungen reagiert, in Matthias zum Beispiel den eigenen strengen Vater »hineinsieht« und so gezwungen ist, mit der gleichen Wut zu antworten. Es kann dann zu einer Verfilzung der Affekte kommen. Die Beziehung entgleist zwangsläufig – eine Situation, wie sie im Schulalltag durchaus auch eintreten kann (vgl. Hopf, 1976, S. 622).

Die »positive Übertragung«
Halten wir noch einmal fest, was die beiden wesentlichen Merkmale einer Übertragungsreaktion sind: Sie ist eine Wiederholung und sie ist unangemessen. Man unterscheidet negative und positive Übertragungen. Innerhalb einer negativen Übertragung werden aggressive, dest-

ruktive, ablehnende und von Enttäuschung geprägte Gefühle übertragen. In der positiven Übertragung sind es Respekt, Zuneigung, Bewunderung, Liebe und Idealisierung. Solche positiven Übertragungen sind die wichtigsten Grundlagen einer stabilen Schüler-Lehrer-Beziehung. Sie motivieren uns, auch aus Liebe zum Lehrer zu lernen. Alle Menschen erinnern sich an Lehrer, die sie geschätzt, bewundert oder sogar geliebt haben. Es sind Menschen, an die sie gerne und dankbar zurückdenken und mit deren Eigenschaften sie sich identifiziert haben. Meine Erstklasselehrerin in der Barackenschule habe ich bereits erwähnt. Sie begeisterte uns für Schreiben, Lesen und Rechnen, aber vor allem zeigte sie uns ihre unverbrüchliche Liebe. An Weihnachten brachte sie, neben anderen Leckereien, jedem Kind eine Orange mit – es war die erste meines Lebens, und ich teilte sie mit der Familie. Später erfuhr ich, dass sie all diese Weihnachtsgeschenke von ihrem kleinen Lehrergehalt finanziert hatte. Als einmal im Zoo ein Elefant meinen Brotbeutel gefressen hatte, teilte mein damaliger Lehrer wortlos seine Essensration mit mir. Ich erinnere so gerne meinen Chemielehrer im Gymnasium, dem ich nachmittags begeistert half, die Experimente aufzubauen. Fast alle Lehrer versuchen, ihre Arbeit gut zu machen, und negative Übertragungsreaktionen sind bei jedem Menschen immer möglich. Auch Eltern sollten daran denken, wenn Sie einem Lehrer gegenüber besonders heftige Affekte wie Ablehnung und Hass spüren. Für ein Kind sind ein Lehrer und Eltern, die sich nicht verstehen und bekriegen, wie ein geschiedenes Elternpaar, das einen Rosenkrieg führt.

Lehrer sind Pädagogen, und das sollen sie auch bleiben. Keineswegs ist es meine Absicht, sie zum psychotherapeutischen Arbeiten zu verleiten. Aber es existiert eine »psychoanalytische Pädagogik« (vgl. Heinemann, Hopf, 2010). Sie ist sehr hilfreich und kann den Blick des Lehrers schärfen und verändern. Sie ist auch geeignet, die Persönlichkeit des Lehrers ein wenig zu verändern. Im Umgang mit Übertragungsreaktionen eines Schülers ist einerseits einfühlende, mitfühlende und verstehende Menschlichkeit wichtig. Es braucht auch reges und waches Interesse für alle Belange und Strebungen des Schülers und nicht nur für einen schmalen intellektuellen Bereich, andererseits sind aber auch Zurückhaltung und Festigkeit nötig. Der Lehrer ist eine erwachsene Erziehungsperson, durchaus mit väterlichen Aufgaben und kein guter »Kumpel«. Heinrich Meng, ein Pionier der psychoanalytischen Pädagogik, fordert für ein allgemeines psychoanalytisches Erziehungsziel: »Die Erziehung soll das Maximum, also das Bestmögliche an Leistungsfähigkeit mit einem Minimum von Verzicht an Glück und von Verarmung der Persönlichkeit anstreben.« Das Verstehen von Übertragungsreaktionen kann uns ein Stück näher an dieses Ideal heranführen (Hopf, 1976).

Belastungen durch Schulstress – macht die heutige Schule krank?

Innerhalb der Sachbuchliteratur sowie in der Tagespresse können zwei zentrale Themen ausgemacht werden. Am lautesten ertönt immer wieder eine Generalabrechnung und Rundumkritik am Zustand unserer heutigen Schule. Sie mache die Kinder krank, und viele Schulen seien lediglich Dressureinrichtungen. Sie sei eine der Hauptursachen von vielen (wenn nicht von allen) psychischen Erkrankungen. Vor allem wird kritisiert, dass sie sich nicht den Herausforderungen einer veränderten Gesellschaft stelle. Der Pädagoge Kraus (2013) bezeichnet solche radikalen Veränderungswünsche übrigens als »pädagogischen Totalitarismus«.

Hin und wieder habe ich bereits geschrieben, dass es auch ein Vorteil sein kann, alt zu sein. So gut wie *alle* der heutigen »revolutionären« Forderungen sind irgendwann schon einmal gestellt worden, angefangen von Methodenvielfalt über Freiarbeit, Binnendifferenzierung, Epochenunterricht oder einem Erarbeiten eigener Lehrpläne, der Abschaffung von Noten und Jahrgängen… Was auffällt, ist, dass heutzutage immer häufiger Wissenschaftler für eine Revolution des Schulwesens eintreten, die in ganz anderen Wissenschaftszweigen beheimatet sind und darum mit Fug und Recht von der Presse auch als »Couchpädagogen« bezeichnet werden. Vor allem scheint vergessen zu werden, dass Schule für alle da sein muss, angefangen vom begabten Gymnasiasten über den nicht mehr motivierten Schüler einer Schule für Erziehungshilfe, dem Kind von Migranten, das kaum Deutsch kann, der schulphobischen Schülerin, etc. Es gibt keine Patentlösung, die bei allen greift; ich glaube daher nicht, dass über eine Erneuerung des Schulwesens die Probleme der Gesellschaft gelöst werden können – was nicht heißt, dass nicht Vieles erneuerungsbedürftig wäre.

Die Institution Schule bietet eine große Projektionsfläche für Schuldzuweisungen, für grenzenlose Ansprüche und harsche Kritik. Würde man die gestellten Forderungen ernst nehmen, so müsste die Schule bei Kindern alle familiären Defizite ausgleichen, auf gesellschaftliche Veränderungen eingehen und deren sämtliche schädliche Wirkungen abpuffern. Dass, gemäß einem dem Rabbi Ben Akiba zugeschriebenen Satz, alles schon mal dagewesen sei und immer wiederkehrt, konnte ich an einer verblüffenden Tatsache feststellen: Im Jahre 1975, also vor 37 Jahren, verfasste ich einen Artikel mit dem Titel: »Macht wirklich die Schule unsere Kinder krank?«, in dem ich schon einmal auf beinahe identische Vorwürfe eingegangen bin, wie sie heute wieder laut werden.

Natürlich bin ich der Meinung, dass Kinder die bestmögliche Schule verdienen, dass viele Dinge der Erneuerung bedürfen – keineswegs wollte ich damals wie heute »die Schule« undifferenziert in Schutz nehmen. Und zweifellos kann schulischer Stress krank machen, darauf werde ich in den folgenden Abschnitten ausführlich eingehen. Aber Stress wirkt auf eine in der Familie gewachsene Struktur und ist aus dem Leistungsdruck von Schule *und* Eltern entstanden – die Schule gibt den Druck zumeist lediglich weiter.

Ich schrieb damals – und vertrete diese Meinung auch noch heute –, dass es mir problematisch erscheint, schwierige individuelle Entwicklungen und Schicksale ausschließlich einem Pauschalsündenbock anzulasten. Die Schule ist in jedem Fall ein Brennpunkt, der Verborgenes deutlicher werden lässt und Störendes noch verstärkt. Die Entstehung von psychischen Störungen ist jedoch ein multifaktorielles Geschehen: Konflikte werden nicht nur von der Schule in die Familie getragen, sondern auch umgekehrt.

Ich sehe heute wie damals als Motive, die Schule zu einem einzigen Ort des Leidens für Kinder stilisieren zu wollen, Folgendes:

- *Viele Eltern sind verunsichert und erhoffen sich zunächst Hilfe von den Institutionen. Im gleichen Maß wird die Schule zunächst idealisiert, und wenn sie nicht allen Forderungen gerecht wird, wird sie genauso entschieden abgelehnt oder bekämpft.*
- *Wie bereits erläutert, bietet sich der Lehrer als Objekt für Übertragungsprozesse, das heißt für unbewusste Affekte und Einstellungen aus der frühen Kindheit von Schülern und Eltern, an. Ich werde hierauf noch ausführlicher eingehen.*
- *Der »Prügelknabe Schule« sowie der »Sündenbock Lehrer« entlasten Eltern von Selbstvorwürfen, an ihren Kindern versagt zu haben.*
- *Eltern können das Kind als einen Teil von sich selbst, also des eigenen Selbst, sehen. Möglicherweise projizieren sie eigene Existenz- und Versagensängste auf ihre Kinder und üben dann den gleichen schädlichen Leistungsdruck aus, den sie – teilweise zu Recht – ihrer Schule zum Vorwurf gemacht haben. Damit schließt sich der Circulus vitiosus.*

Aber das Spiel geht weiter, denn mit diesen Argumenten schießen die Lehrer und Lehrerinnen zurück, und damit komme ich zum zweiten Punkt, nämlich den ständigen Vorwürfen an die Eltern.

2013 ist ein Buch des Pädagogen Josef Kraus mit dem Titel *Helikopter-Eltern* erschienen. Er vergleicht darin manche Eltern mit einer schnellen militärischen Eingreiftruppe, die ständig wie Beobachtungsdrohnen über ihren Kindern schwebten und »die ihren Nachwuchs ab der ersten Stunde an der elektronischen Nabelschnur des Mobiltelefons durchs Leben geleiten und beim kleinsten seelischen oder körperlichen Wehwehchen herbeistürmen, um alles wieder ins Reine zu bringen« (Kraus, 2013, S. 11). Kraus beschreibt gerechterweise auch eine große Gruppe der Eltern, etwa 70-80 Prozent, die bodenständige Vorstellungen von Kindern hätten, die unkompliziert, kooperativ und verantwortungsbewusst handelten. Deshalb sei eine *generelle* Elternschelte unangebracht. Bei vielen Lehrern findet diese aber eben doch statt. Wenn dann noch *DER SPIEGEL* (33, 2013) aus diesem Buch eine Titelgeschichte fabriziert, wird sie ganz sicher geschürt – dann ist nicht mehr die Schule schuld, jetzt sind es Eltern. Neben den produktiven Eltern unterscheidet Kraus zwei Elterntypen, die ihm schulisch und gesamtgesellschaftlich Sorgen bereiten. Die eine Gruppe, die sich überhaupt nicht um ihre Kinder kümmere, nennt er die Null-Bock-Eltern. Ihnen sei alles egal und sie ließen ihre Kinder verwahrlosen – sie bereiteten die meisten Sorgen. Hier sieht er die Brutstätten für Wohlstandsverwahrlosung. Die andere Gruppe stellen die bereits erwähnten Helikopter-Eltern dar, eine Art hyperaktive Spezies, die das PP-Syndrom, das Pascha- und Prinzessinnensyndrom, pflegte, quer durch alle sozialen Schichten hindurch. Die Bedeutung des einzelnen Kindes werde gnadenlos übersteigert, was auf beiden Seiten zu einem unangemessenen Anspruchsdenken führe (S. 14f.). Nach Kraus machen diese beiden Gruppen zwar lediglich 20-30 Prozent aller Eltern aus, beanspruchen jedoch mindestens 70-80 Prozent der Zeit und Energie der in Kindergärten, Schulen und in der Jugendarbeit Tätigen.

Wenn ich den Sarkasmus und die Übertreibungslust von Kraus ein wenig zurückschraube, kann ich ihm in Vielem Recht geben. Das Fundament für spätere Überforderungen und Ängste von Kindern kann wirklich zu wenig oder zu viel Mutter sein; zu viel Symbiose und zu wenig Außenbeziehungen oder zu wenig Nähe, zu wenig Schutz vor frühen stressreichen Überforderungen. Eine ständige Gefahr bei solchen Diskussionen ist, dass die Probleme zu wenig differenziert gesehen werden und schnell pauschalisiert wird, so dass ich heute oft höre, *alle* Eltern seien so schwierig geworden. Es ist die gleiche Situation, wie bei der – angeblichen – Zunahme von psychischen Störungen bei Kindern und Jugendlichen. Es gibt zu wenige vergleichende Untersuchungen über die Jahrzehnte, um differenzierte Aussagen darüber treffen zu können. Ich selbst gehe davon aus, dass die psychischen Störungen wahrscheinlich *nicht* zugenommen haben, dass sich aber die Qualität der Störungsbilder erheblich verändert hat. Ich halte an dieser Stelle fest, was Göppel in einem Aufsatz überzeugend herausgearbeitet hat: »Die Mehrzahl der Kinder und Jugendlichen mag durchaus von Wandlungen in den Erziehungshaltungen der Eltern profitieren. Bei einer kleineren Gruppe mit überforderten, desorientierten, desolaten Elternhäusern verdichten sich jedoch die Risikofaktoren in besonderer Weise.« (Göppel, 2013, S. 69) Ich sehe das genauso: *Eine kleine Gruppe* von Kindern ist viel schwieriger geworden, und das kann man ebenso auf die Eltern übertragen. Deshalb greife ich zum Schluss dieses Abschnitts noch einmal eine Aussage von Kraus auf, die die Schärfe seines Buches ein wenig nivelliert. Seiner Meinung nach müssen nicht alle Eltern Helden und Heilige sein, denn Lehrer seien es auch nicht. Es gebe keinen *generellen* Erziehungsnotstand, weder im Elternhaus noch in der Schule. Millionen von Eltern erzögen engagiert und sinnvoll. Hunderttausende von Lehrern wüssten um ihre vermehrten erzieherischen Aufgaben und kämen diesen Aufgaben auch nach bestem Wissen und Gewissen nach. Hierauf werde ich auch später noch eingehen.

Was ist wirklich hilfreich in der Schule – und was nicht?

Der australische Bildungsforscher John Hattie hat den gesamten englischsprachigen Wissensstand zum Thema Lernerfolg in Schulen exzerpiert und gebündelt. Dabei hat er 138 Faktoren herausgefiltert und sie entsprechend ihres positiven Einflusses in eine Rangordnung gebracht (Künzel, 2013, S. 34).

Die Nummer eins war keine Überraschung. Aus der Psychotherapie war bereits bekannt, dass nicht die unterschiedlichen theoretischen Grundlagen oder Behandlungstechniken zum entscheidenden Erfolg einer Therapie beitragen. Die zentralen Wirkfaktoren beruhen auf den

Persönlichkeitsmerkmalen eines Therapeuten. Hattie fand in seinen langjährigen Forschungen heraus, dass nicht Klassengrößen, Schulgebäude und andere äußere Faktoren darüber entscheiden, ob Schüler etwas lernen. Entscheidend ist seinen empirischen Ergebnissen zufolge die Lehrerpersönlichkeit: Das wichtigste Kriterium ist, ob ein Lehrer seine Schüler im Raum erreicht. Ausschlaggebend für Lernerfolge von Schülern sei es, dass ein Pädagoge wisse, was Kinder und Jugendliche schon können und sie auf die nächste Stufe führe. Vor allem sei unerlässlich, dass er ehrlich zu sich sei und sich unaufhörlich frage: Versteht meine Klasse wirklich, was ich sage?

Hattie fand nur wenige Faktoren, die negative Auswirkungen auf den Lernerfolg haben. Diese seien zuerst das »Sitzenbleiben«, also das Wiederholen eines Schuljahres, sowie zu viel Fernsehen; wobei noch darüber diskutiert wird, was für wen zu viel ist, denn auch die Wirkung von Medienkonsum hängt von der Persönlichkeit eines Schülers ab. Der letzte Faktor sei ein Schulwechsel, weil dieser den Schüler in seiner Lernentwicklung zurückwerfe. Ein Schulwechsel kann im Sinne von Vermeidung eingesetzt werden. Immer wenn es brisant wird, wird das Kind aus der Schusslinie gebracht bzw. der Jugendliche weicht selbst der Entscheidung aus. Ich kenne Familien, die das mit allen Kindern so praktizierten. Wenn die Leistung ernsthaft angemahnt wurde, wurde irgendeine private Schule entdeckt, die – angeblich – keinen Leistungsdruck ausübte. Keines dieser Kinder erreichte übrigens einen akzeptablen Schulabschluss.

Als zentrale schulische Stressoren hat Seiffge-Krenke (2008) Schulwechsel, Leistungsdruck, Prüfungsangst sowie Rivalitäten unter Schülern beschrieben. Vor allem in der mittleren Adoleszenz kommt es aus diesen Gründen häufig zu schulbezogenen Problemen, die zum Leistungseinbruch führen können. Bei männlichen Jugendlichen wirken sich Desinteresse am Schulstoff, Rivalität und Leistungsdruck besonders gravierend aus (S. 4). Bekanntlich haben Jungen generell mehr Probleme mit der Beherrschung ihrer Affekte. Die Entwicklung ihrer Männlichkeit bereitet ihnen viele Probleme, und sie neigen zu sozial störenden, ihre Konflikte ausagierenden Verhaltensweisen mit Aggression und Hyperaktivität. Jungen sind in geringerem Maße anpassungsfähig als Mädchen.

Ich will im Folgenden zunächst drei dieser zentralen Stressoren beschreiben: die Prüfungsangst, die schulische Überforderung und Mobbing und Bullying.

Prüfungsangst

»Träumen von der Prüfung«
So manche Leserin und mancher Leser hat sicherlich schon von einer Prüfung geträumt. Da ist ein Träumer mit einem Doktortitel, längst in Amt und Würden, doch im nächtlichen Traum besucht er eine Art Stützkurs, weil er dem Stoff im Gymnasium nicht folgen kann. Ein Student soll in einem Seminar referieren. Er hat ein überzeugendes Manuskript gefertigt, doch in der Nacht vorher träumt er, dass er noch gar nicht mit der Vorbereitung begonnen hat. Verzweifelt versucht er, sich Notizen zu machen, obwohl er weiß, dass sein Referat jetzt nicht mehr gelingen kann. Ein Gymnasiast träumt in der Nacht vor einer Klassenarbeit, dass er beim Abschreiben ertappt wird und als Strafe das Gymnasium für immer verlassen muss. Er ist schweißnass, und als er auf den Gang geht, stellt er fest, dass er nackt ist. Eine Frau träumt vom mündlichen Abitur. Aber sie bringt kein Wort heraus, und die Gesichter ringsum werden immer eisiger und bedrohlicher. Oder ein schon etwas beleibter Erwachsener quält sich eine Kletterstange hinauf, während ein Trumm von Sportlehrer, beide Arme in die Hüften gestemmt, die jämmerliche Leistung hämisch feixend überwacht.

Den Examens- und Prüfungsängsten hat bereits Freud in seinem Buch *Die Traumdeutung* einen ganzen Abschnitt gewidmet. Er sah ihre Funktion in erster Linie darin, dass sie einen besänftigenden Trost vor schwierigen Aufgaben spenden wollten, in etwa mit der Botschaft: »wenn du damals bestanden hast, dann wird dir die neue Aufgabe auch gelingen«. Ich kann das nicht so sehen, zumindest nicht als ausschlaggebendes Motiv. Denn wenn wir den Affekten in diesen Horrorträumen nachspüren, so begegnen wir vor allem Hilflosigkeit, Verachtung und Verurteilung zusammen mit Scham- und Schuldängsten. Die Schule, ein Ort, an dem für das Leben gelernt wird, ist in den unbewussten Erinnerungen anscheinend eher eine Folterkammer als ein Lernort für menschliches Verhalten. Gehen wir allerdings ehrlich mit unseren Erinnerungen um, so werden die meisten Menschen feststellen, dass die positiven überwiegen. Aber woher rührt es, dass die ängstigenden Prüfungsträume ihre Tagesreste aus der Schule und aus Prüfungssituationen beziehen? Offensichtlich gibt es viele unlustvolle Erinnerungsspuren von Peinlichkeiten, Ängsten und dem Leiden unter Lehrern, die als Tyrannen und strafende Autoritäten erlebt wurden. Diese Erinnerungen können im Unbewussten auf entsprechende Konfliktbereiche einwirken. Aber hier muss auch gesehen werden: Prüfungsängste entstehen zwar im Zusammenhang mit der Schule, aber ihre Quantität und Qualität hat immer mit dem Seelenleben des Kindes oder Jugendlichen zu tun. Von der Tiefe der Regression wird es abhängen, ob Paniken, Trennungs- und Verlustängste oder Scham- oder Schuldängste mobilisiert werden. Prüfungsträume enden sehr selten gut und mit einer konstruktiven Lösung, sondern mit Angstgefühlen. Es sind traumatische Träume, die manchmal so beunruhigend sein können, dass es bei sensiblen Kindern sogar zu Körpersymptomen kommen kann, die noch lange nach dem Traum anhalten können. Außerdem sind es Wiederholungsträume, weil der in ihnen vorkommende Konflikt, anders als bei den sonst üblichen nächtlichen Träumen, noch nicht aufgelöst werden kann: Traumatische Eindrücke sind zurückgekehrt und ringen um Erledigung (vgl. Hopf, 2007).

Prüfungsängste
Prüfungsängste sind eine spezielle Mischung aus Schulangst und Schulphobie. Sowohl die oben kurz gestreiften Prüfungsträume als auch die Prüfungsängste sind allen Menschen bekannt, haben sich doch die meisten Menschen – mehr oder weniger mühselig – durch vielerlei Examina und Initiationsriten hindurch gequält, um Scheine samt Reputation zu erwerben. In einer Leistungsgesellschaft lassen sich Prüfungen jedoch nicht völlig vermeiden, auch nicht in Waldorfschulen oder anderen Reformschulen, wo das dicke Ende am Schluss bekanntlich doch droht. Prüfungsängste sind zunächst ganz reale Ängste, die nur bedingt zu vermeiden sind. Sie haben ja auch ihren Sinn, denn sie zwingen den Schüler zur gründlichen Vorbereitung (was die beste Möglichkeit ist, sie klein zu halten), und kurzzeitiger Stress kann das Leistungsvermögen stärken. Dennoch zeigen Untersuchungen, dass die Stressbelastung immer groß ist, denn das Nichtbestehen oder Bestehen von Prüfungen über die weitere Entwicklung eines Schülers entscheidet. Mehr denn je öffnet Schulerfolg die Türen zu akademischen Ausbildungen.

Darum können die aufkommenden Ängste in einzelnen Fällen weit über normale Befürchtungen hinausgehen. Wie Trennungsängste können sie ganz normal sein oder ausgesprochen krankheitswertig. Prüfungsängste treten in vielerlei Belastungsgraden auf, angefangen bei normaler Aufgeregtheit, über ängstliche Besorgtheit, Mangel an Zuversicht bis hin zu Grübelzwängen. Gelegentlich können sogar Panikattacken auftreten. Vor einiger Zeit wurde ich mit dem folgenden Krankheitsbild konfrontiert. Ein Jurastudent, bis dahin psychisch völlig unauffällig, Leistungssportler, fleißig, mit immer guten Ergebnissen und bestens vorbereitet, entwickelte wenige Tage vor seinem Staatsexamen Grübelzwänge und Panikattacken. Er konnte nicht mehr schlafen und vor allem nicht mehr allein sein. Schließlich fühlte er sich außerstande, die Prüfung anzutreten und musste psychiatrisch und psychotherapeutisch behandelt werden. Im Nachhinein war es sehr schwer, die Behörde davon zu überzeugen, dass er nicht simuliert hatte, was ja durchaus auch hätte sein können. Der junge Mann hatte kurze Zeit vorher den Vater verloren und war noch sehr an seine Mutter gebunden. Die anstehende Prüfung brachte ihn in eine krisenhafte Schwellensituation, denn sie konfrontierte den jungen Mann mit ungelösten Konflikten des Jugendalters. Bezeichnenderweise hatte er auch Trennungsängste und nicht nur Ängste vor Vernichtung und Bestrafung.

Anstehende Prüfungen und Schwellensituationen – die Prüfungen durchaus ebenbürtig sind – können verdrängte Konflikte aller Art wiederbeleben. Schwellensituationen für Kinder sind bekanntlich die Übergänge in Kindergarten, Grundschule, weiterführende Schule und Geschwistergeburten. Je empfindsamer, gewissenhafter und ängstlicher ein Kind ist, umso mehr können alle Lebensereignisse zu einer ständigen Prüfung werden.

Prüfungsängste können sich vor allem im späteren Jugendlichen- und Erwachsenenalter zu einem ernsthaften Problem entwickeln, weil die Lebensplanung und –gestaltung durch Prüfungsergebnisse entscheidend geprägt werden kann. Ein nicht bestandenes Staatsexamen zum Beispiel kann den Verlauf eines Lebens völlig verändern.

Diese Ängste können wiederum zum Vermeidungsverhalten führen, so dass mancher Student alle Prüfungen zu umgehen versucht. Er wird zum ewigen Bummler, was schließlich nur noch schwer zu behandeln ist. Manche bleiben in Abhängigkeit – oft von der Mutter – und führen ewig das Leben eines Adoleszenten. Viele meiden Kontakte, weil sie die Beschämung, nach Abschlüssen und ihrem Leben befragt zu werden, fürchten.

Kinder mit Prüfungsängsten weisen deutlich schlechtere Leistungen auf als ihre Altersgenossen ohne Prüfungsängste. Prüfungen können in einer Leistungsgesellschaft nicht abgeschafft werden, also wird es immer entsprechende Ängste geben. Deshalb muss eine Therapie erfolgen, die zum Ziel hat, die *Ursachen* für die irrealen Ängste zu bewältigen.

Natürlich sind Pubertät und Adoleszenz Entwicklungsphasen mit vielerlei Risiken aber auch Chancen im Selbstfindungsprozess. Sie bedeuten somit a priori eine riesige Schwelle, sind ein für jeden Jugendlichen schwer zu bestehendes Prüfungsgeschehen. Prüfungen mobilisieren auch Gewissenskonflikte, bei hoch gesteckten Zielen kann es immer zu depressiven und narzisstischen Krisen kommen. Nach Mathias Hirsch liegt die Hauptwurzel sowohl von Arbeitsstörungen als auch von Prüfungsängsten in einem unbewussten Trennungsschuldgefühl, »denn Erfolg und besondere Prüfungen sind immer *Fort*schritte und Trennungsschritte« (Hirsch, 2000, S. 76f.). Wir können davon ausgehen, dass Prüfungsängste immer Ausdruck von Sinn- und Identitätskrisen mit einer existenziellen Angst vor Trennung und Veränderung sind.

Prüfungsängste sind normale und reale Ängste, die überwunden werden müssen. Gute Vorbereitung lässt Ängste schwinden. Werden sie überwältigend und irreal, so liegt eine pathologische Prüfungsangst vor, deren Ursachen erkannt und behandelt werden müssen.
Prüfungen können vielfältige unbewusste Konfliktbereiche berühren und eine massive Symptomatik nach sich ziehen. Ohne Abschlüsse findet ein Jugendlicher oder Erwachsener nur schwer einen Platz im Leben. Deshalb lösen Prüfungen in einzelnen Fällen regelrechte existenzielle Befürchtungen aus, weil sie über unser Leben entscheiden können.
Kinder mit Prüfungsängsten weisen deutlich schlechtere Leistungen auf als ihre Altersgenossen ohne solche Ängste. Schwere Prüfungsängste müssen unbedingt psychotherapeutisch behandelt werden, weil sie sich ansonsten verfestigen und bis ins fortgeschrittene Lebensalter wirken können.

Ist eine angstfreie Kindheit vorstellbar, kann eine Schule ohne Angst realisiert werden?

Aus dem Vorherigen kann entnommen werden, dass wir auch bei Schulangst zwischen einer normalen und einer pathologischen Angst unterscheiden müssen. Bei der Aggression unterscheiden wir mittlerweile eine gutartige Form, die wir zum Leben benötigen. Sie grenzt uns ab, hilft uns autonom zu werden und mit ihr kann man sich im Leben durchsetzen. Die andere Form ist die Destruktivität, die Zerstörung, sie ist lebensfeindlich. Diese Unterscheidung gilt es auch bei der Angst zu treffen. Auch hier gibt es bereits zwei Begriffe. Furcht ist eine reale Angst, die uns zum angemessenen Handeln zwingt. Neurotische Angst ist ein Ergebnis von ungelösten Konflikten, sie ist lebensfeindlich, wie die Zerstörung, und ihre Ursachen müssen aufgelöst werden.

Reale Ängste lassen sich nicht vermeiden, denn sie schützen uns vor Gefahren. Ängste vor schlechten Noten, vor dem Wiederholen einer Klasse, vor dem Bloßgestelltwerden bei Prüfungen bewirken auch, dass ein Kind lernt, übt und sich vorbereitet. Hier könnte eingewandt werden, dass es immer Modellschulen gab, etwa Summerhill, die auch solche realen Anforderungen von außen vermieden haben. Dabei müssen wir aber zur Kenntnis nehmen, dass dies immer kleine Schulen mit einer bestimmten Schülerauswahl waren, die von Idealisten oft rund um die Uhr betrieben wurden. Solche Modelle lassen sich nicht auf alle öffentlichen Schulen erweitern. Ich bin mir auch nicht sicher, ob alle Schüler von einer Schule mit purer Selbstverantwortung profitieren würden. Insofern übernehme ich hier gerne die Aussage des Kinder- und Jugendlichen-Psychotherapeuten Wolfgang Oelsner. Er hat viele Jahre die Schule für Kranke der Stadt Köln geleitet, eine Schule, die versucht hat, Ängste so gering wie möglich zu halten: »Angst kann nicht nur lähmen, sie schützt auch. Sie zwingt uns zur Sorgfalt, zum Abwägen« (Oelsner und Lehmkuhl, 2002, S. 135).

Thomas zeigt keine Angst

Bei Prüfungsangst wird in der Regel versucht, Prüfungen auszuweichen, und es kommt zu typischem Vermeidungsverhalten. In den vorherigen Kapiteln wurde deutlich gemacht, dass es für Kinder auch andere Möglichkeiten gibt, als auszuweichen, nämlich die Angst aus dem Bewusstsein zu verdrängen. Sie kann phobisch auf Äußeres oder Inneres gerichtet werden, wie bei der Schulphobie, vor allem aber kann sie in den Körper verschoben werden. Auch Prüfungsangst kann auf diese Weise verschwinden, als gäbe es sie gar nicht. Hierfür möchte ich ein kleines Fallbeispiel bringen (vgl. Hopf, 2007).

Thomas' fiebrige Angina beginnt am Prüfungstag. Vorher hatte nichts darauf hingedeutet, dass es so schlimm kommen würde. Thomas ist elf Jahre alt und geht in die fünfte Klasse der Hauptschule. Beide älteren Brüder besuchen das Gymnasium – und das ist für Thomas ein ständiger Dorn im Auge. Er ist maßlos eifersüchtig auf die beiden, weil sie es geschafft haben. Denn seine Leistungen im vergangenen Jahr genügten leider nicht. Dieses Jahr will er einen neuen Anlauf wagen. Allerdings muss er diesmal eine Aufnahmeprüfung ablegen.

Die Eltern wissen vom Ehrgeiz ihres Sohnes. Sie haben deshalb lange mit ihm besprochen, was auf ihn zukommt. Und dass ihnen ein guter Hauptschüler, zufrieden und froh, lieber ist als ein von ständiger Sorge gebeutelter Gymnasiast, dass er auch nach der Hauptschule jederzeit eine weiterführende Schule besuchen könne etc.

All dies hat Thomas sich angehört, aber er bleibt dabei: Er will die Aufnahmeprüfung machen, er möchte allen zeigen, was in ihm steckt. Der Tag der Prüfung rückt näher, und die Eltern wundern sich, dass der Junge keinerlei Anzeichen von Angst erkennen lässt. Erstaunlich. Er bereitet sich sogar freiwillig auf die Prüfung vor, obwohl das – fürchten die Eltern – nur wenig nützen wird, denn die Rechtschreibleistungen des Jungen sind sehr schlecht.

Dann ist der Morgen des Prüfungstages da. Als die Mutter den Jungen wecken will, ist sie entsetzt, wie bleich er aussieht. Als er aufsteht, schwankt er und hält sich am Bettpfosten fest. Die Mutter redet auf ihn ein, zu Hause zu bleiben. Thomas verneint entschieden. Er presst die Lippen zusammen und behauptet, dass es ihm eigentlich ganz gut gehe. Der Vater hat sich Urlaub genommen, um den Jungen in die Schule zu begleiten, wo die Prüfung stattfinden soll. Als sie dort sind, macht er sich auch schon Vorwürfe, dass er überhaupt eingewilligt hat: Thomas hat glasige Augen, sein Kopf ist gerötet und er schwitzt. Als der Vater seine Stirn fühlt, stellt er fest, dass der Junge regelrecht glüht: Thomas hat hohes Fieber. Jetzt überlässt der Vater die Entscheidung allerdings nicht mehr dem Jungen. Er teilt den prüfenden Lehrern mit, dass sein Sohn plötzlich erkrankt sei und er ein ärztliches Attest nachreichen werde. Thomas geht widerspruchslos mit und legt sich zu Hause sofort bereitwillig in sein Bett. Der Arzt stellt eine fiebrige Angina fest, verordnet Bettruhe und verschreibt Medikamente.

Sehen wir uns die Vorgeschichte noch einmal genauer an. Da ist Thomas' brennender Wunsch, das Gymnasium zu besuchen und mit den Brüdern gleichzuziehen. Das muss er einfach schaffen! Aber da ist auch die Prüfung, die ihm Angst macht. Und weil das Bestehen dieser Prüfung für ihn eine geradezu existenzielle Frage ist, ist die Angst zu versagen für ihn auch entsprechend groß – so groß, dass sie gar nicht dauernd zu ertragen ist und deshalb verdrängt werden muss. Deshalb fürchtet er sich auch *scheinbar* nicht mehr vor der Prüfung. Sein Wille und Ehrgeiz und die Angst, es nicht zu schaffen, halten sich die Waage. Den Ausweg bietet die Erkrankung: Auf diese Weise ist es gar nicht mehr sein eigenes Ich, welches Angst vor der Prüfung hat und »sich drücken will«. So überlässt er die Entscheidung bis zum Schluss den Eltern – erst der Vater besteht energisch darauf, dass Thomas nach Hause geht.

Dieses Arrangement, einer gefürchteten Situation dadurch entgehen zu können, dass in eine von der Umwelt akzeptierte Krankheit »geflüchtet« wird, ist bekannt. Krankheit ist ein akzeptierter Ausweg: Ein junges Mädchen mit strenger Erziehung wird zur ersten Party eingeladen, wo allerlei Verführerisches zu erwarten ist. Sie wird krank und ist damit aller Entscheidungen enthoben. Der Geschäftsmann, welcher auf einer Sitzung weitreichende und schwierige Entscheidungen treffen soll, bekommt kurz vorher Fieber. Manchem Leser werden vielleicht ähnliche Geschichten einfallen. Krankheit ist eine Möglichkeit, der Konfrontation mit Konflikten auszuweichen.

Die Geschichte von Thomas hat ein Happy-End. Die Nachzüglerprüfung nach den Ferien bestand er, und heute besucht er das Gymnasium, so wie er es sich immer erträumt hat. Die Krankheit hatte ihm nicht nur die Erfahrung gebracht, dass er von seinen Eltern angenommen bleibt, wenn er »versagt«, sie hatte ihm zugleich auch einen Einblick in die eigenen Möglichkeiten gewährt: Vor der neuen Prüfung brauchte er seine Angst nicht mehr zu verstecken, er konnte ihr mit einem normalen Maß an Angst begegnen, zugleich aber mit der Hoffnung, dass er es schaffen würde. Gleichzeitig war den Eltern klargeworden, wie sehr sie daran gezweifelt hatten, dass es »der Kleine« schaffen würde, dass auch in ihnen Tendenzen wirksam waren, den »kleinen Thomas« festzuhalten, ihn noch zu behüten. So gelang es auch ihnen, dem neuen Prüfungstermin mit mehr Zuversicht entgegenzusehen, und auch das gab Thomas das notwendige Selbstvertrauen.

Großer Ehrgeiz kann eine anstehende Prüfungssituation erheblich verschärfen. Auch mit einer »Flucht in die Krankheit« lassen sich manifeste Prüfungsängste verdrängen (Hopf, 2007).

Das von der Schule überforderte Kind

Die Zahl der Kinder, die aufs Gymnasium wechseln, wird von Jahr zu Jahr größer. Wegen der unterschiedlichen Bildungssysteme lassen sich die Zahlen der einzelnen Bundesländer nur schlecht vergleichen. Deshalb ziehe ich die prozentuale Verteilung in Baden-Württemberg als Beispiel heran. Im Jahr 1980 war die Hauptschule mit einer Übergangsquote von 41 Prozent noch die eindeutig vorherrschende Schulart, auf eine Realschule wechselten 25 Prozent, auf ein Gymnasium 29 Prozent der damaligen Viertklässler. Gemäß Mitteilung des Statistischen Landesamts wechselten zum Schuljahr 2011/12 von den gut 100 000 Viertklässlern an den Grundschulen in Baden-Württemberg 23,7 Prozent auf eine Werkreal- oder Hauptschule, 0,6 Prozent weniger als im Vorjahr. Auf eine Realschule gingen 34,2 Prozent der Viertklässler (Vorjahr 33,9 Prozent). Die Übergangsquote auf das Gymnasium lag mit 40,9 Prozent etwas über dem Vorjahreswert (40,7 Prozent). Deutlich wird in diesen Statistiken noch eine andere Tatsache. Nach wie vor sind die Bildungschancen mit der sozialen Herkunft verknüpft. Von den knapp 90 600 deutschen Viertklässlern, die eine Grundschulempfehlung erhalten hatten, wechselten 21 Prozent auf eine Werkreal-/Hauptschule, 35 Prozent auf eine Realschule und 43 Prozent auf ein Gymnasium. Von den knapp 9 500 ausländischen Viertklässlern, die eine Grundschulempfehlung erhalten hatten, wechselten dagegen 48 Prozent auf eine Werkreal-/Hauptschule, 27 Prozent auf eine Realschule und nur 23 Prozent auf ein Gymnasium. Intelligenzforscher gehen gemäß der Intelligenzverteilung von etwa 25-30 Prozent der Population aus, die ausreichende Intelligenz besitzen, um das Gymnasium zu bewältigen – vorausgesetzt dass alle anderen Voraussetzungen erfüllt werden.

In Baden-Württemberg wird somit der Anteil der Schüler an Gymnasien stetig größer, Hauptschulen wird es bald nicht mehr geben. Mittlerweile wird der Elternwille mehr berücksichtigt als früher, so dass eine deutliche Verschiebung hin zu »höheren Abschlüssen« stattfindet. Dies bedeutet möglicherweise eine Verbesserung der Bildungschancen. Nach Seiffge-Krenke (2008, S. 3f.) hat diese Verschiebung aber auch eine Schattenseite, nämlich eine deutliche Verstärkung des Leistungs- und Konkurrenzdrucks. Diese Belastung wird sich unterschiedlich auf Kinder und Jugendliche auswirken. Einige werden sicherlich künftig von einer ständigen Prüfungsangst bedroht sein.

Der Fall »Thomas« aus dem letzten Abschnitt richtet unser Augenmerk auf Kinder, die von der schulischen Situation auch intellektuell überfordert sein können. Dass nicht jedes Kind gleich intelligent ist, ist allgemein bekannt. Ein Teil der Intelligenz, von der Wissenschaft »flüssige Intelligenz« genannt, ist angeboren. Jener Anteil, den wir während des ganzen Lebens, also auch in der Schule, hinzugewinnen, heißt »kristallisierte Intelligenz«. Intelligenz wird bekanntlich mit entsprechenden Tests gemessen, und sie verteilt sich gemäß einer glockenartigen Kurve. Bei idealen Bedingungen und mittels Förderung kann das angeborene Intelligenzniveau um 15-20 IQ-Punkte überschritten werden, meinen Intelligenzforscher (Weiß, R., 2012). Intelligenz ist ein großer vorhandener Schatz, aber sie bemisst sich zunächst lediglich aus Ziffern unter einem Testbogen. Ohne Motivation, Aufmerksamkeit und Durchhaltevermögen und ohne weitere emotionale Fähigkeiten kann sie nicht realisiert werden, da helfen auch keine Nachhilfen und ähnliche Förderungen.

Fleißige und anpassungsfähige Kinder sind für jede Lehrerin und jeden Lehrer eine Freude. Das kann für die Kinder aber auch Nachteile mit sich bringen, denn sie können leicht überschätzt werden. Der 13-jährige Max besucht die siebte Klasse eines Gymnasiums, aber in letzter Zeit will er nicht mehr hingehen. In den ersten beiden Schuljahren hat alles leidlich geklappt, aber jetzt sind seine Leistungen so schlecht geworden, dass seine Versetzung bedroht ist. Wie ist das möglich? Er war doch früher ein so guter Schüler. Max ist ohne Vater groß geworden. Zu seiner Mutter hat er ein inniges, jedoch kein symbiotisches Verhältnis. Aber er möchte ihr gefallen, will lieb zu ihr sein und hat von Anfang an immer alles gemacht, was sie sich wünschte. Natürlich erhoffte sich die Mutter, dass aus Max einmal etwas werden, dass er schulischen Erfolg haben würde. Das nahm Max sich zu Herzen, er arbeitete in der Grundschule immer mit, machte Haus- und Fleißarbeiten und wurde von seiner Lehrerin sehr geschätzt und gemocht. Mit der Zeit wurde er auch »überschätzt« und bekam immer gute Noten, obwohl er schon in der Grundschule Manches nur schwer begriffen hatte, beispielsweise die Textaufgaben in Mathematik.

Jetzt, in der siebten Klasse, schafft Max die Aufgaben in Mathematik kaum noch. Zudem ist die zweite Fremdsprache hinzugekommen: Französisch liegt Max überhaupt nicht. So wird jeder Tag für ihn zur Prüfung. Steht eine Klassenarbeit an, will Max nicht mehr in die Schule gehen. Mit jedem Misserfolg verringert sich sein Selbstwertgefühl. Die Angst verstärkt sich immer mehr, so dass auch die Wahrscheinlichkeit, bei weiteren Leistungsüberprüfungen zu versagen, immer größer wird.

Was ist zu tun? Bei Max wurden weder visuelle noch auditive Probleme festgestellt, er ist aufmerksam und war vor allem immer sehr motiviert. Will er doch seiner Mutter so sehr gefallen! Dennoch werden seine Leistungen von Tag zu Tag schlechter und seine Abneigung gegenüber der Schule immer größer. Auch seine Motivation hat entscheidend nachgelassen. Wer will sich auch anstrengen, wenn doch alles keinen Erfolg zeitigt? Was also ist zu tun?

Auf Anraten des Klassenlehrers, dem Max sehr sympathisch ist, wird der Beratungslehrer des schulpsychologischen Dienstes eingeschaltet. Er testet die Konzentrationsfähigkeit des Jungen, was normale Werte erbringt. Dann lässt er Max einen Intelligenztest machen. Weil er die Höhe der angeborenen, »flüssigen Intelligenz« erfahren möchte, wählt er dazu einen sprachfreien und kulturunabhängigen Test. Das Ergebnis: Max hat einen durchschnittlichen Intelligenzquotienten, das Gymnasium wird ihn wohl langfristig überfordern.

Dies zu erfahren, ist für eine Mutter, vor allem aber für das Kind ganz besonders schwer zu ertragen, denn es wird zunächst sein Selbstwertgefühl zutiefst erschüttern. Ein Beratungslehrer ist ausreichend geschult, um ein solches Gespräch behutsam zu führen, trotzdem bleibt es immer schwierig. Welche Lösungsmöglichkeiten für diese traurige Situation sind denkbar?

Können verstärktes Üben und Nachhilfe die Situation erleichtern? Auf alle Fälle kann Max dadurch das Gefühl bekommen, wieder aktiv etwas gegen seine Hilflosigkeit tun zu können. Soll er die Klasse wiederholen? Oder soll er auf die Realschule wechseln, wo der Stoff etwas langsamer durchgenommen wird?

In jedem Fall ist es richtig, sich Zeit zu nehmen und alle Varianten mit dem Beratungslehrer oder dem Schulpsychologen durchzudenken, abzuwägen und erst langfristig Schritte zu unternehmen. Es ist anzunehmen, dass schon diese Überlegungen Max ein wenig entspannt und seine Angst gelindert haben, so dass er die Schule wieder besuchen will. Denn er hat einen wichtigen Vorteil: Alle mögen ihn und signalisieren ihm das auch. Vor allem macht es ihn glücklich, dass seine Mutter gar nicht enttäuscht ist. Sie möchte lediglich alles tun, damit Max wieder fröhlich ist.

Der Kommentar zur Psychotherapie-Richtlinie verlangt, dass bei allen Therapien, die Schulleistungsstörungen einschließen, die Grundintelligenz mit einem Intelligenztest erfasst werden soll (Faber, Haarstrick, 2012, S. 90). Psychotherapeuten sollten das spätestens bei Beantragung einer Psychotherapie veranlassen. Auch dazu eine kleine Fallsequenz: Jenny ist elf Jahre alt und besucht die vierte Grundschulklasse. In ihrer Familie herrschen derzeit große Spannungen und Auseinandersetzungen. Sie hat noch drei kleinere Geschwister, die sie mitversorgen muss, denn die Eltern streiten sich unentwegt. Der Vater ist arbeitslos, schaut den ganzen Tag Fernsehen und trinkt übermäßig Alkohol. Die Mutter ist überfordert, schreit nur noch herum und will, dass der Vater auszieht. Wie die meisten depressiven Mädchen ist Jenny ein liebenswertes Kind, immer bereit, sich in andere Menschen einzufühlen und ihnen zu helfen. Darum wird sie auch von all ihren Lehrerinnen gemocht, besonders von ihrer Klassenlehrerin. Sie bekommt, trotz ihrer derzeitigen schlechten Schulleistungen, eine Empfehlung für die Realschule. Die Lehrerin kümmert sich auch um die Vermittlung einer Psychotherapie für Jenny, denn eine ängstlich-depressive Entwicklung ist nicht zu übersehen. Auch die Psychotherapeutin geht davon aus, dass die schlechten Schulleistungen Ergebnis der sehr belastenden Familiendynamik und der daraus resultierenden Probleme des Mädchens sind. Doch Jennys Leistungen werden in der Realschule immer schlechter, trotz der sehr hilfreichen Behandlung. Erst nach einem Jahr lässt die Psychotherapeutin Jennys Intelligenzquotienten ermitteln. Es stellt sich heraus, dass dieser knapp den Ansprüchen der Hauptschule entspricht und Jenny auf der Realschule völlig überfordert ist.

Gelegentlich wird in ähnlichen Situationen ein anderer Weg eingeschlagen. Amelie ist mit elf Jahren auf die Realschule gewechselt. In der Grundschule hatte sie gute bis mittelmäßige Leistungen gezeigt. Jetzt, in der fünften Klasse, kommt es zum starken Leistungsabfall, vor allem in Deutsch und Englisch. Weil Amelie sich nicht auf die Inhalte konzentrieren kann, fängt sie an zu träumen und in Phantasiewelten zu flüchten. Ihre Leistungen werden immer schlechter. Amelie wird auf Wunsch der Eltern an der Schulpsychologischen Beratungsstelle getestet. Dort wird festgestellt, dass sie einen durchschnittlichen IQ hat, im Sprachverständnis sogar lediglich einen IQ von 85. Der beratende Schulpsychologe geht davon aus, dass Amelie schon jetzt überfordert ist. Wie wird das in der Zukunft werden? Die Eltern sind *über das* Ergebnis entsetzt, vor allem *über die* Empfehlung des Schulpsychologen, dass Amelie auf die Hauptschule wechseln sollte. Sie lassen sich einen Termin bei einem Kinder- und Jugend-Psychiater geben, der Amelie ebenfalls untersucht. Er stellt eine Aufmerksamkeitsstörung fest und verordnet Methylphenidat zur Verbesserung der Konzentration. In der Tat verbessern sich die Leistungen ein wenig, denn Amelie kann zunächst etwas aufmerksamer sein. Doch wird die Medikation langfristig Begabungsmängel ausgleichen können? Wohl nicht. Leistungssteigerungen mittels Medikation sind keine sinnvollen Hilfen, sondern sie sind letztendlich eine Form von Doping.

Was sind »Aufmerksamkeitsstörungen«?
Die Diagnose ADHS hat den Eindruck entstehen lassen, Unbeherrschtheit, Aufmerksamkeitsstörungen und Bewegungsunruhe seien ausschließlich ein Ergebnis von hirnorganischen Störungen. So einfach ist das jedoch nicht. Zwar ist das, was wir als unseren Geist verstehen, gemäß dem Hirnforscher Eric Kandel immer ein Ausdruck der Funktionsweise unseres Gehirns. Alle geistigen Prozesse, selbst die komplexesten psychologischen Prozesse, leiten sich von Operationen des Gehirns ab. Allem, was wir mit menschlichem Verhalten assoziieren, wie Denken, Sprechen und die Schöpfung literarischer Werke, Musik und Kunst, liegen die Gehirnfunktionen zu Grunde (Kandel, 2008, S. 81f.). Als Folge davon sind Verhaltensstörungen, die psychische Krankheiten charakterisieren, immer Störungen der Gehirnfunktion, und zwar auch in jenen Fällen, in denen die Ursachen der Störungen ihren Ursprung eindeutig in der Umwelt haben.

Diese Erklärungen brauchen aber einen zweiten Teil, der gerne unterschlagen wird. Aus der biologischen Ausstattung des Menschen wird durch Gedanken, Phantasien und Beziehungen alles zu psychischem Erleben, und auch neurobiologische Niederschläge können durch Einflüsse von Pädagogik und Psychotherapie wieder verändert werden. Es besteht ein ständiges Wechselspiel zwischen Leib und Seele sowie einer störenden und fördernden Umwelt. Aufmerksamkeit wird durch Reize verursacht, sie wird aber gleichzeitig durch äußere oder innere Reize gestört. Bei Kindern mit Aufmerksamkeitsproblemen wird der auf die Reize gerichtete »Scheinwerfer« immer wieder abgelenkt, weil sich andere Reize stärker bemerkbar machen. Dann entsteht Unlust, und die Aufmerksamkeit wird dem ursprünglichen Geschehen entzogen. Aufmerksamkeit ist nach Freud eine unparteiische Urteilsfällung. Sie stellt fest, ob eine bestimmte Vorstellung wahr ist, also im Einklang mit der Realität steht. Sie überlässt das Feld nicht der Verdrängung, welche einen Teil der auftauchenden Vorstellungen ansonsten als unlusterzeugend ausschließen würde. Damit verhindert sie – im Normalfall – die Flucht aus der Realität. Kinder werden aufmerksam geboren. Beziehungsstörungen, Vernachlässigungen oder Verwöhnen, begleitet von den Folgen einer »erregten Gesellschaft«, zerstören die Fähigkeit eines Kindes zur Aufmerksamkeit. Auf diese Weise entstehen Aufmerksamkeits*störungen*, die von der Psychiatrie fast immer als Transmitterstörungen deklariert werden, die angeblich nichts mit dem Seelenleben zu tun haben. Aufmerksamkeitsdefizite treten oft im Gefolge von so genannten narzisstischen Störungen auf, meistens bei Jungen. Das Lustprinzip soll gewahrt werden, grandiose Phantasien bestimmen das Handeln, bei gleichzeitigen Ängsten, zu versagen. Kränkungen werden mit Wutdurchbrüchen beantwortet. Der Weg, alle Unlust zu meiden, ist vorgezeichnet: Die Forderungen der Realität, stundenlanges Lernen, Spannungen auszuhalten, sich in eine Gruppe einzufügen und Regeln zu achten, all das wird gescheut, weil es Unlust bereitet. Anforderungen werden vermieden und durch »lustvolle« Verhaltensweisen wie Computerspielen und Konsum ersetzt. Wir werden diesem Problem nochmals im Zusammenhang mit Schulschwänzern begegnen.

Aufmerksamkeitsstörungen können aber auch in Begleitung von depressiven Störungen auftreten, dann häufiger bei den Mädchen, wie zum Beispiel bei Jenny. Hintergründe sind zumeist Antriebshemmungen, Ängste, nicht zu genügen, sowie Rückzugstendenzen.

In den Schulen hat sich eine falsche Wissenschaftsgläubigkeit ausgebreitet. Arbeit an Bewegungsunruhe, Aufmerksamkeitsdefiziten und Affektbeherrschung sind Aufgaben der Erziehungswissenschaft und der Lehrer. Mehr Kenntnisse über die Entwicklungspotenziale und Gefährdungen von Jungen sind vonnöten. Jungen sind nicht problematischer oder erziehungsresistenter, aber sie brauchen eine andere Pädagogik als Mädchen. Lehrerinnen und Lehrer, die von Eltern lediglich einfordern, dass sie Methylphenidat verordnen lassen sollten und sie damit unter Druck setzen, denken nicht mehr pädagogisch, sondern überlassen das Feld einer wenig hilfreichen Medizin.

Mobbing und Bullying

Als ich 14 Jahre alt war, besuchte ich die achte Klasse (damals noch die vierte Klasse des Gymnasiums). In meiner Klasse war auch ein 16-jähriger Mitschüler, der schon eine Klasse wiederholt hatte. Bei jeder sich bietenden Gelegenheit verspottete er mich und machte mich vor den anderen lächerlich. Ich versuchte, ihm auszuweichen, aber er folgte mir wie ein Schatten. Ich setzte mich verbal zur Wehr, da drohte er mir Prügel an, »wenn ich nicht mein Maul halten würde«. Er war mir natürlich körperlich haushoch überlegen. Einige Klassenkameraden meinten, dass er mich doch in Ruhe lassen solle, sie fänden sein Verhalten gemein. Von da an stellte er mich nicht mehr in der Gruppe bloß, sondern achtete darauf, dass er mit mir allein war – aber dann ging es besonders heftig zur Sache. Es ging so weit, dass ich mich jeden Morgen davor fürchtete, ihm wieder zu begegnen. Meine Mutter erkannte, dass mit mir irgendetwas nicht stimmte. Ich war jedoch gewohnt, nie etwas aus der Schule zu erzählen und wich ihren Fragen aus.

Eines Tages ging ich allein zum Schwimmen an einen See, der zu jener Zeit als öffentliches Schwimmbad diente. Otto, so hieß mein Quälix, war zu meinem Schrecken auch da. Mit breitem Feixen schwamm er auf mich zu und meinte, dass ich jetzt dran sei. Heute würde er mich mal so richtig »tunken«, also untertauchen. Er packte meinen Kopf und drückte ihn unter Wasser. Er hörte nicht auf damit. Ich schlug verzweifelt um mich, aber er ließ mich nicht hoch. Ich geriet in Todesangst. Kurz ließ er mich auftauchen, ich sah sein höhnisches Lachen, ich schnappte verzweifelt nach Luft, da drückte er mich wieder unter Wasser. Die Luftnot ließ meine Angst immer mehr anwachsen. Auch ließ er mich immer seltener auftauchen, und ich spürte seine Lust, die er über meine Todesangst empfand. Irgendwann hatte ich das Gefühl, dass mir schwarz vor den Augen und ich bald ohnmächtig werden würde. Ich wollte aufgeben, nicht mehr atmen, wollte untergehen. Da ließ er von mir ab. Ich werde sein verächtliches Grinsen nie vergessen, seine Freude darüber, dass ich der Schwache und er der Starke war – ich sah seine sadistische Freude. Ich habe diese Szene später immer wieder geträumt, noch im fortgeschrittenen Lebensalter.

Schon als Jugendlicher habe ich überlegt, warum Otto das getan hat. Wir stammten beide aus einfachen Verhältnissen. Neid auf meine Lebensumstände konnte also nicht die Triebfeder seiner Taten gewesen sein. Erst später ist mir aufgegangen, dass es doch Neid gewesen sein musste. Ich hatte immer gute Noten und er schlechte. Er musste übrigens bald das Gymnasium verlassen, denn er hatte eine Lehrerin angepöbelt und sich über sie lustig gemacht. Doch die musste sich das ja nicht gefallen lassen!

Otto hatte mich gemobbt. Ich habe diesen Begriff damals natürlich noch nicht gekannt. Mobbing hat es schon immer gegeben, früher hieß das noch Aggression gegenüber einem schwächeren Mitschüler. Ich bin mir nicht sicher, ob Mobbing wirklich zugenommen hat, oder ob es heute nur mehr beachtet wird. Denn zu autoritären Zeiten, als Prügeln in der Erziehung noch Alltag war, kümmerte sich kaum ein Erwachsener darum, wenn ein Kind das andere schlug. Das Wort »Mobbing« kommt aus dem Englischen und bedeutet »schikanieren, anpöbeln«. An meinem eigenen Fall kann ich einige grundsätzliche Faktoren erkennen.

Otto zeigte alle Varianten von Mobbing: Auslachen, Beleidigen, Beschimpfen und schließlich schwerste Gewalt. Um ein Haar hätte er mich umgebracht.
Otto war Täter, er war aber auch Opfer. Die Lehrer mochten ihn nicht. Er hatte schlechte Noten, und er war ein Einzelgänger. Ich glaube, er litt auch unter seinen ärmlichen Verhältnissen, denn zu jener Zeit existierte am Gymnasium noch ein absolutes Klassendenken: Die Armen wurden nie zu den Partys der Reichen eingeladen.
Otto hatte nur wenig Einfühlungsvermögen, mein Leiden rührte ihn

nicht an. Im Gegenteil, mich zu quälen, in Todesangst zu versetzen, bereitete ihm sadistische Lust. Diese ist die eigentliche Triebfeder von Mobbing.

Mein größter damaliger Fehler war, dass mein Stolz mich daran hinderte, meine Eltern oder einen Lehrer zur Hilfe zu holen. Sich so quälen lassen zu müssen, bereitet auch Scham. Ich habe bei vielen Kindern beobachtet, dass sie sich lieber weiter misshandeln lassen, als ihre Schwäche einzugestehen, was weitaus beschämender für sie wäre. Darum müssen Eltern sehr darauf achten, ob ihr Kind Angst und Unlust zeigt.

Jede »Mobbing-Geschichte« beruht auf ganz individuellen Konflikten und Motivationen von Täter und Opfer, so wie bei allen anderen Schulängsten. Das »Mobbing« gibt es nicht.

Wie schon vorher festgestellt, ist aus dem autoritären Erziehungsstil ein partnerschaftlicher, verhandlungsorientierter geworden. Heutige Erziehungsvorstellungen basieren schon lange nicht mehr auf Gehorsam und Unterordnung, sondern auf Selbständigkeit und freiem Willen. Das ist mittlerweile ein allgemein anerkanntes Ideal. Die ehemals selbstverständliche »Macht« der erwachsenen Erziehungspersonen, von Eltern, Erzieherinnen sowie von Lehrern und Lehrerinnen, ist damit zwangsläufig geringer geworden. Dieser Autoritätsverlust der Lehrer hat jedoch auch eine Kluft zwischen mittleren Schichten, die den genannten Idealen huldigen, und Schülern, die zu Hause weiterhin autoritär oder sogar mit Gewalt erzogen werden, geöffnet. Die ungewohnte Freiheit in der Schule verleitet diese oft zu Grenzüberschreitungen, deren Gewalt sich nicht selten gegen schwächere Mitschüler richtet. Für manche von ihnen sind Lehrer mit einem demokratischen Verhandlungsstil zur Lachnummer geworden. Diesen gelingt es oft nicht mehr, die einfachste väterliche Funktion auszuüben, nämlich aufmerksame Beschützer zu sein. Denn sie haben oft selbst Angst: vor den Schülern, den Eltern oder einer vorgesetzten Behörde, die sie ebenfalls nicht ausreichend schützt. An die Stelle der Angst vor Lehrern ist für viele Kinder darum eine Angst vor Mitschülern getreten, die Mobbing oder Bullying betreiben. Von Mobbing wird gesprochen, wenn es um die *wiederholte* Ausgrenzung oder Herabwürdigung einzelner Schüler durch andere geht, über einen längeren Zeitraum hinweg. Eine Steigerung bedeutet das Bullying, ein rücksichtsloses, gewalttätiges Quälen, Bestehlen und Erpressen von unterlegenen Mitschülern, mit oder ohne körperliche Gewalt. Aber auch bei diesen vermeintlich eindeutigen Verhältnissen muss auf zu Grunde liegende unbewusste Konflikte *aller* Beteiligten geachtet werden, denn nicht jedes Kind wird zum Mobbingopfer. Deshalb ist es wichtig, die Beteiligung des Opfers am Auslösen und Aufrechterhalten von Mobbing zu prüfen.

Ich will im Folgenden ein kleines Beispiel aus einer Hauptschule vorstellen. In Förderschulen, Grundschulen und Hauptschulen kommt es übrigens am häufigsten zu Mobbing und Bullying, in Gymnasien nur selten. Schon über diese Tatsache können verschiedene Vermutungen angestellt werden.

Miriam ist fast zwölf Jahre alt und besucht die fünfte Klasse einer Hauptschule. Ihre Mutter ist Alkoholikerin und hat Miriam in der frühen Kindheit nur unzureichend versorgt. Früh wurde Miriam parentifiziert, das heißt, *sie* musste die Mutter versorgen. Die Eltern haben sich schon vor längerer Zeit getrennt. Aber auch der Vater ist mit seinem Leben überfordert. Er hat eine psychisch kranke Freundin, die ihn absorbiert. Auch er kann seine Tochter nicht versorgen und keine Verantwortung übernehmen, so dass Miriam bei ihren Großeltern, den Eltern des Vaters, lebt. Wegen ihrer vielfältigen Probleme ist sie in psychotherapeutischer Behandlung.

Miriam ist noch nicht lange an dieser Schule und hat kaum Freundinnen. Jeden Morgen passt sie ein Junge aus der Klasse ab, um sie zu hänseln und zu quälen. Er macht sich über sie lustig, weil ihre Eltern getrennt sind und sie bei den Großeltern lebt. Miriam verletzt das sehr, will sie doch auch so unauffällig leben wie ihre Mitschülerinnen und Mitschüler. Zunehmend fürchtet sie die Situation am Morgen. Denn wie andere Mobbingtäter nutzt der Junge für seine Attacken gerne Orte, die nur wenig kontrolliert werden, den Schulweg oder Ecken des Schulgebäudes, wenn niemand zugegen ist. Das Mädchen beginnt sehr unter den Angriffen des Jungen zu leiden und will schließlich sogar nicht mehr in die Schule gehen.

Doch Miriam fand einen Ausweg. Sie erzählte die Vorfälle ihrer Therapeutin, die beim Zuhören spontan große Wut über den Übeltäter empfand. Wenn wir von solchen Vorfällen erfahren, ist das übrigens die Regel, und die Versuchung, schnell zu handeln, ist immer groß. Schnelles Agieren ist jedoch nicht immer das Richtige. Die Therapeutin machte Miriam bewusst, dass sie es hinnahm, wehrloses Opfer zu sein. Sie besprach und reflektierte mit ihr, warum sie sich diese Rolle die ganze Zeit aufzwingen ließ. Die Therapeutin hatte erkannt, dass Miriam die gleiche Rolle übernommen hatte, die ihr in ihrem bisherigen Leben immer wieder aufgezwungen worden war. Von da an nahm Miriam die Beleidigungen des Jungen nicht mehr hin. Sie wandte sich an die Beratungslehrerin, die sich ihrerseits mit der Klassenlehrerin in Verbindung setzte. Es folgten Gespräche mit dem Jungen sowie seinen Eltern. Als der Junge feststellen musste, dass Miriam nicht länger bereit war, sein Opfer zu sein, hörte er mit seinen Bosheiten auf. Miriam hatte Verantwortung für sich selbst übernommen.

Meistens sind die Opfer jünger und schwächer, häufig auch sozial isoliert wie Miriam. Die Täter sind älter, stärker und in der Regel rücksichtslos, oft zeigen sie soziale Störungen oder bereits dissoziale Entwicklungen. Die Opfer wenden sich in der Regel nicht an potenziell unterstützende Erwachsene. Zwei Gründe spielen hierbei eine Rolle:

Viele Opfer schämen sich wegen ihrer Schwäche und ihrer Opferrolle. Sie fürchten, die Aggressionen nur zu verstärken, wenn sie sich an Mitschüler, Eltern oder Lehrer wenden.

Nach Seiffge-Krenke (2008, S. 63) werden die Eltern meistens erst über andere Umstände auf das Mobbing aufmerksam. Es kann zur Schulangst, zum Leistungsabfall, zu depressiven Entwicklungen sowie zu erheblichen psychosomatischen Beschwerden kommen. Längeres Bullying kann sogar zu posttraumatischen Belastungsstörungen mit den entsprechenden Symptomen führen.

Mobbing unter Mädchen
Motorik, Aggression, Sexualität und Lust an der Bewegung sind bei Jungen eng miteinander verknüpft. Weil ihre Bewegungsfunktion aktiver ist, ihnen aber häufig keine ausreichenden Möglichkeiten zur Regulation ihrer Affekte zur Verfügung stehen, machen Jungen aus dieser Not eine – vermeintliche – Tugend. Sie externalisieren, das heißt, sie tragen ihre Konflikte in die Außenwelt. Mädchen ist es dagegen früher möglich, Bewegung zu symbolisieren und zu sublimieren (vgl. Hopf, 2014).

Jungen neigen also dazu, ihre Aggression auf lebende Objekte zu richten, Mädchen wenden Aggressionen häufiger gegen sich selbst. Dennoch fallen auch Mädchen wegen aktiven Mobbings auf. Mädchen sind nicht weniger aggressiv als Jungen, aber ihre Aggressivität hat eine andere Qualität. Sie neigen weniger zur körperlichen Gewalt. Frauen haben wahrscheinlich im Laufe der Evolution besser gelernt, Konflikte ohne körperliche Gewalt zu lösen. Allerdings wurden Mädchen und Frauen auf diese Weise zu Meisterinnen der verbalen Gewalt. Sie brauchen nicht mit Fäusten zu schlagen, sondern verletzen mit Worten, was keine geringeren Wunden verursachen kann. Und Elektra hat bekanntlich nicht selbst getötet, sondern ihren Bruder beauftragt und ihr Ziel auf diese Weise auch erreicht.

Es gibt verschiedene Formen von Mobbing bei Mädchen. Sie fallen jedoch viel seltener auf, weil sie subtiler sind. Der Körper und das Aussehen besitzen bei Mädchen einen hohen Stellenwert. Sie sind für ihren Selbstwert gleichbedeutend mit Macht und Ansehen bei Jungen.

Der weibliche Körper kann vorgeführt und für alle möglichen Zwecke eingesetzt werden. Er kann aber auch zum Ziel destruktiver Phantasien werden und gnadenlos verfolgt werden wie bei Essstörungen und selbstverletzendem Verhalten. Mit der gleichen Grausamkeit können Mädchen auch den Körper von Mitschülerinnen angreifen, diese zutiefst verletzen und kränken. Bösartige Kritik am Äußeren anderer Mädchen ist das verheerende Gift dieser Pfeile. Zudem weisen viele Untersuchungen darauf hin, dass auch Mädchen gewalttätiger werden (Schubarth, 2013, S. 70).

Oft bilden sich Gruppen mit wechselnden Koalitionen. Zwei schließen sich zusammen, die dritte fällt heraus. Es kommt zum ständigen Treuebruch, zu neuen Koalitionen und Enttäuschungen. Vor allem kommt es zu ständigem Verrat, indem Geheimnisse, die einst der »besten Freundin« anvertraut wurden, rücksichtslos ausgeplaudert werden. In einer Therapie erfuhr ich einmal die folgende – mich sehr bewegende – Geschichte über einen solchen Liebesverrat.

Ein 14-jähriges Mädchen, Tina, war glücklich, einer Clique innerhalb der Klasse angehören zu dürfen. Mit einem gleichaltrigen Mädchen, Petra, schloss sie Freundschaft. Sie besuchten sich, übernachteten sogar gelegentlich bei der anderen. Es war Tinas erste innige Mädchenfreundschaft. Die Mädchen vertrauten einander ihre Gedanken, ihre Phantasien und ihre Wunschträume an. Unter anderem erzählte Tina ihrer Freundin, dass sie gelegentlich vor dem Einschlafen masturbiere.

Nach einiger Zeit beendete Petra schlagartig die intime Freundschaft und schloss sich einem anderen Mädchen in der Clique an. Ihr erzählte sie – natürlich streng vertraulich – brühwarm alles, was ihr Tina anvertraut hatte. Tina war zutiefst unglücklich. Sie fühlte sich verraten und allein gelassen. Ängste und depressive Stimmungen kamen wieder auf, die sie längst überwunden geglaubt hatte.

Natürlich war Petras neue Freundin eifersüchtig auf Tina und wollte nicht, dass die Freundschaft wieder aufflammen könnte. Sie erzählte darum alles, was sie über Tina erfahren hatte, anderen Mädchen, die das wiederum lustvoll an einige Jungen weitertuschelten. Vor allem die Geschichte mit dem Masturbieren. Es war entsetzlich. Tina war zutiefst beschämt und fühlte sich nackt und bloßgestellt. Sie wollte die Schule nicht mehr besuchen, was ich gut nachvollziehen konnte, und wechselte mit Einverständnis der Eltern auf eine andere Schule. Ich war überrascht, in wie vielen Fällen die ehemals beste Freundin zur Verräterin und zur Verfolgerin wurde…

Präventive Maßnahmen
An jeder Schule muss eine Atmosphäre unterstützt werden, in der es selbstverständlich ist, sich Beistand holen zu können.
Allen Schülern muss klar sein, wo sie sich Hilfe holen können. Sie müssen davon überzeugt werden, dass es richtig ist, verbale oder körperliche Übergriffe zu melden, um unterstützt zu werden. Mit dem bei Kindern so verpönten »Petzen« hat das nichts zu tun, es geht darum, dass sie sich selbst vor Angriffen schützen. Die Polizei ermutigt junge Gewaltopfer ausdrücklich, die Täter zu melden, in schlimmen Fällen auch anzuzeigen.
Erzieher, Lehrer und Väter sind aufmerksame Beschützer. Die realen Machtverhältnisse müssen wieder hergestellt und der Täter unmittelbar in seine Grenzen verwiesen werden.
Mit höherem Alter nimmt die Stabilität der beim Mobbing übernommenen Rolle sowohl für die Opfer als auch für die Täter zu *und lässt sich schwerer wieder verlassen. Schon deshalb sollte so früh wie möglich gehandelt werden (vgl. Petermann, Kogling, 2013, S. 65).*

Die Lust, zu entwerten
Aber warum waren diese Mädchen so brutal? Warum tat der Junge Miriam so etwas an? Warum quälte er das Mädchen mit einer Tatsache, für die sie nichts konnte und unter der sie selbst litt? Der Mobbingtäter erniedrigt andere Menschen, um sich selbst – ein klein wenig – zu erhö-

hen. In seinen Mobbingmomenten empfindet er Macht, die gelegentlich wie ein Rausch sein kann. Warum werden in Gefängnissen Frauen, die ihre Kinder getötet haben, verfolgt und gedemütigt? Dasselbe gilt auch für Kinderschänder und andere Sexualtäter in Gefängnissen. Die Ablehnung geschieht keineswegs aus moralischen Gründen, denn die meisten Insassen haben selbst schlimme Verbrechen begangen. Aber es schafft einen Abstand, wenn man auf jemanden heruntersehen kann. Es kann Genugtuung bereiten, wenn jemand (noch) kleiner ist als man selbst. Es wird auch kurzzeitig den Selbstwert steigern, denn der Mobbingtäter hat in der Regel ähnliche Probleme wie sein Opfer. Oft hat er ein ausgesprochen schlechtes Selbstwertgefühl und lebt in einer Situation, die ihm nur wenig Aufwertung zugesteht. Zumeist können jugendliche Täter den schulischen Anforderungen nicht nachkommen. Es sind Schulversager und sie bekommen von der Schule keine Anerkennung und Selbstbestätigung. Nach Schubarth geraten sie darum leicht in Gefahr, sich nötige Zuwendung und Aufmerksamkeit auf andere Weise zu holen. Die in der Schule geäußerte Gewalt ist dann ein Versuch, unbewusste Ängste und narzisstische Wut zu bewältigen und so das bedrohte Selbst zu stabilisieren (2013, S. 31).

Im Folgenden will ich einen Ausschnitt aus der stationären Behandlung eines »Bullys« bringen. Er soll deutlich machen, dass auch die Täter, zumindest in einem gewissen Sinne, Opfer sind. Denn die Bosheit, die sie verbreiten, ist ihnen irgendwann »eingeimpft« worden, nicht selten während einer problematischen Kindheit. Ich bin in meiner Tätigkeit als Heimleiter vielen solcher aggressiven Täter begegnet; die Mehrzahl stammte aus desolaten Broken-home-Verhältnissen. Oft waren die Mütter überfordert, die Väter nicht selten gewalttätig. In der Kindheit erlebte Gewaltszenen können von einem Kind später wiederholt (reinszeniert) werden. Mobbingtäter sollten daher irgendwann eine Therapie machen, sie wird ihnen vor allem persönlich helfen.

Ein »Täter«
Bei Kindern und Jugendlichen, die immer wieder wegen schwerer Mobbingaktivitäten auffallen, helfen ambulante Therapien meist nicht mehr. Zum einen sind sie nicht bereit, sich auf eine intensive Beziehung einzulassen, zum anderen halten sie die erforderlichen Rahmenbedingungen nicht ein, wie vereinbarte Zeiten, überhaupt regelmäßige Termine. In vielen Fällen sind auch die Eltern bereits machtlos und können die ambulante Behandlung nicht unterstützen und garantieren. Männlichen Jugendlichen fehlt zumeist eine Krankheitseinsicht, sie arbeiten nicht mit, daher finden selten Therapien statt. Ihr gewalttätiges Agieren verschafft ihnen zudem zeitweise psychische Erleichterung nach dem unbewussten Credo: lieber Angst verbreiten, als Scham aushalten müssen! In solchen Fällen werden stationäre Psychotherapien in einer Kinder- und Jugendpsychiatrie oder in einem psychotherapeutischen Heim erforderlich.

In solchen Einrichtungen vermittelt ein stationärer Rahmen Regeln und Ordnungen. Dieser muss eingehalten werden und in strittigen Situationen werden umgehend Entscheidungen getroffen. Solch eindeutige Rahmenbedingungen bieten Sicherheit, Schutz und schaffen stabile Voraussetzungen für therapeutische Prozesse. Damit herrscht auch ein väterliches Prinzip, das jene Kinder oder Jugendliche in der Regel nur unzureichend verinnerlicht haben. Dieses Setting wird durch Therapien ergänzt, die auf die jeweiligen Bedürfnisse der einzelnen Kinder ausgerichtet sind. Natürlich haben sie auch Einzelpsychotherapie und können in vielen heilpädagogischen Gruppen ihre Kreativität wiederbeleben (Hopf, 2006, S. 143f.).

Der fast 13-jährige Dennis war wegen seiner Auffälligkeiten, brutalem Mobbing seiner Mitschüler und ständigen Störungen in der Schule für Erziehungshilfe nur noch eine Stunde pro Tag beschult worden. Mit Schuljahresende wurde er schließlich ganz ausgeschlossen. Dies geschah, so stand es in den schulischen Protokollen, aus einer »gewissen Ohnmacht heraus«. Keine Schule im Umkreis war mehr bereit, ihn aufzunehmen, weil er niemanden respektierte, keine pädagogische Maßnahme Wirkung zeigte und er einfach nicht zu erreichen war. Deshalb sollte der Junge in dem Therapiezentrum, dessen therapeutischer Leiter ich war, aufgenommen werden, und das Jugendamt hatte einen ersten Termin vereinbart.

Im Sprechzimmer der Einrichtung warteten Mutter und Stiefvater, Dennis und seine sechsjährige Halbschwester sowie der Vertreter des Jugendamtes. Ich betrat den Raum, nahm zuerst eine verhärmte, unsichere Frau wahr, daneben einen jungenhaften Mann mit schütterem Bart und einen bulligen Jugendlichen mit kalten, stahlblauen Augen, die Angst und Respekt einflößten. Den Jugendamtsvertreter kannte ich von vorherigen Begegnungen. Ich reichte der Mutter die Hand und stellte mich mit meinem Namen vor. Dennis fing schlagartig an zu kichern, hielt sich zunächst die Hand vor den Mund, lachte schließlich lauthals und hämisch und zeigte dabei mit dem Finger auf mich. Ich war fassungslos ob der Unverschämtheit beim ersten Kontakt und fühlte, wie Ärger und Zorn in mir hochschossen. Ich schaute zu den Eltern hin und sah, wie der Stiefvater feixend die Mutter ansah, der das Ganze peinlich erschien und die deshalb wie versteinert dastand. Der Stiefvater schien jedoch voller Stolz über Dennis zu sein, dass dieser mich, die Autorität, erst einmal in Frage stellte und hilflos machte, und er triumphierte sichtlich mit ihm.

Ich wusste, dass Dennis andere Kinder ständig entwertete, beleidigte und dass er auch Erwachsenen gegenüber weder Respekt zeigte noch Grenzen kannte. Dieses Wissen ließ mich ruhiger werden, und ich wollte deutend die realen Bezüge wieder herstellen, indem ich in sehr bestimmtem Ton sagte: »Du willst mich wohl ärgern, vielleicht sogar Streit suchen – das ging aber schnell.« Meine Worte bewirkten Ernüchterung, klärten die Situation und der Vater unterließ sein Grinsen. Doch erschienen mir die Eltern mit einem Male abweisend. Sie erlebten sich offenkundig mit ihrem Sohn von mir angegriffen. Dennoch ließen sich alle darauf ein, dass Dennis im Therapiezentrum aufgenommen wurde.

Was mich bei Dennis von Anfang an beeindruckte, war seine Unfähigkeit, mit manifester Angst auf echte Bedrohungen und Gefahren zu reagieren. Deshalb kam es stereotyp zu immer gleichen Inszenierungen, und es entstand der Eindruck, dass er aus Erfahrungen nichts lernte.

Dennis' Mutter war im Alter von 17 Jahren von einem 30-jährigen, alkoholabhängigen Mann schwanger geworden, der nach Streitereien und körperlichen Misshandlungen bald aus ihrem und Dennis' Leben verschwand. Kurz darauf lernte sie den Sohn einer relativ gut situierten Familie kennen, der sie heiratete. Seine Eltern konnten die Schwiegertochter zwar leidlich akzeptieren, aber Dennis war für alle ein Makel. Von Anfang an war das Kind unruhig, unzufrieden und unbeherrscht, denn wahrscheinlich fühlte es die Ablehnung seiner Umwelt. Aus Angst und Schuldgefühlen tat die Mutter alles, um seine Wünsche zu befriedigen und ihn zufriedenzustellen, was aber immer weniger gelang.

Von Schwierigkeiten des Jungen konnten Mutter und Stiefvater erst berichten, als Dennis in den Kindergarten gekommen war. Er war jetzt schon allen Gleichaltrigen körperlich überlegen und schlug sie, nahm ihnen ihre Sachen weg und begann zu zerstören, was aufgebaut worden war. Das verursachte Ärger, die Eltern wurden bestellt, aber sie zeigten keinerlei Einsicht. Im Gegenteil, sie wurden wütend und bockig. Sie fühlten sich beleidigt und angegriffen.

Dennis' Stiefvater war ein etwas ängstlicher, unsicherer Mensch. Er machte, was schwache Menschen gelegentlich tun, um sich zu entlasten – er entwertete andere. Und wen kann ein Erwachsener leichter entwerten als ein kleines Kind? Wenn das Kind die Türklinke nicht erreichte, etwas undeutlich aussprach oder nicht korrekt bezeichnete, kam postwendend ein höhnisches, entwertendes Lachen, das ich bald auch in den Elterngesprächen kennenlernte. Offensichtlich hatte sich Dennis die väterliche Entwertungstechnik bald als zweckmäßige Waffe angeeignet. Eine Reibfläche für Widerstand und rivalisierende

Auseinandersetzungen gab es nicht, nur hämisches Entwerten. Dennis litt weiterhin an einem starken Vaterhunger, und die Sehnsucht nach einem starken Vater blieb immer bestehen. Das drückte sich zum Beispiel dadurch aus, dass er später Kindern in der Einrichtung erzählte, sein echter Vater sei ein reicher Italiener, der ihn mehrfach im Jahr zu schönen Ferien zu sich holen würde.

Indem die Mutter ängstlich nachgab, um sich nicht den Aggressionen des Kindes auszusetzen und der Vater selten anwesend war, wurden notwendige Auseinandersetzungen vermieden. Zum einen konnte die Mutter weder Grenzen noch Orientierung vermitteln, zum anderen verhinderte sie die Loslösung des Jungen. Damit schürte sie den Glauben des Jungen, der Größte und Stärkste zu sein.

Es ergab sich noch ein weiterer Umstand, welcher zur Verfestigung der seelischen Verhältnisse beitrug. Weil Dennis nie optimale Hindernisse bezwingen musste, konnte er bald gar keine Anforderungen bewältigen. Er wurde deshalb der Gruppe mit den jüngeren Kindern des Kindergartens zugeteilt, weil dort die Ansprüche an ihn nicht so hoch waren. So kam es, dass Dennis im Kindergarten und später in der Schule meist mit wesentlich jüngeren Kindern zusammen war, denen er körperlich überlegen war, und die er leicht terrorisieren konnte.

Dennis hatte es nicht gelernt, Wünsche und Befindlichkeiten eines anderen Menschen zu begreifen, und so glaubte er, tun zu können, was er wollte. Darum verbreitete er inzwischen Angst und Schrecken bei allen Kindern, die er schon auf Grund seiner körperlichen Überlegenheit zur Unterwerfung zwang. Am schlimmsten erlebten alle, dass er zielstrebig immer die empfindlichste Stelle für mögliche Verletzungen fand, dann beleidigte und sadistisch quälte. So zeigte er sich mittlerweile in allen Beziehungen so, wie ich ihn im Erstkontakt kennengelernt hatte. Überall schuf er mittels Entwertung und lächerlich Machen eine Atmosphäre, in welcher seinem Gegenüber die Rolle des Ungenügens, des Schwachen und Schlechten zugeschoben wurde. Natürlich litten auch die Eltern zunehmend unter Dennis, aber er war auch ihre Waffe. Er half ihnen, sich an den Autoritäten zu rächen, welche ihnen Ungemach bereiteten und ihnen ständig Schwierigkeiten machten. Die Situation eskalierte immer mehr, indem Mutter und Stiefvater alle Schuld den Erziehern, Lehrern und der Schule zuwiesen, so dass es irgendwann nicht mehr möglich war, zusammenzuarbeiten. Eine ambulante Psychotherapie wurde eingeleitet, die jedoch auch bald an ihre Grenzen kam. Dennis brauchte – auch weil er nicht mehr beschult werden konnte – Trennung von der Familie und stationäre Hilfen.

Wie zu erwarten, quälte Dennis auch in der Einrichtung die anderen Kinder, lachte sie aus, entwertete sie und suchte sich hierfür – wie gewohnt – schwächere Opfer aus. Er kannte kein Mitleid und nur wenig Respekt vor Erwachsenen, er konnte die Verhältnisse nicht realitätsangemessen einschätzen und fürchtete sich darum – vordergründig – vor nichts. Die Situation eskalierte, als er mit einem Holzknüppel auf seine Lehrerin zuging und sie damit bedrohte und sich weigerte, den Anweisungen seiner Erzieherinnen, mit denen er und weitere Kinder in einem Haus zusammenlebten, zu folgen. Schließlich bezeichnete er eine Erzieherin im Haus als Hure und beleidigte sie mit sexuellen Unflätigkeiten. Damit hatte Dennis den stationären Rahmen soweit angegriffen, verletzt und infrage gestellt, dass ein produktiver Entwicklungsprozess nicht mehr möglich war. Jetzt musste ich den Erzieherinnen im Haus helfen, den Rahmen wiederherzustellen.

Ich ließ Dennis durch die Sekretärin in mein Sprechzimmer rufen und bat meine Kollegin, bei dem Gespräch dabei zu sein. Es war wichtig, dass der Junge wenigstens so viel von den realen Verhältnissen und Beziehungen wahrnahm, dass er verstand, dass er *mich* nicht manipulieren und über mich verfügen konnte. Dennis fühlte sich von der Vorladung natürlich sofort bedroht und um das Gefühl von Ohnmacht abzuwehren, reagierte er mit einer Wendung von passiv zu aktiv. Er setzte sich – wie gewohnt – in grandioser Weise über die soziale Realität hinweg: Er vermeldete seinen Erzieherinnen großspurig, dass er natürlich nicht zu mir ginge. Jetzt rief ich selbst an, ließ ihn ans Telefon kommen und sagte ihm, dass ich ansonsten in das Haus käme und das Gespräch in Anwesenheit aller mit ihm führen würde. Daraufhin versprach er, zu kommen.

Ich wartete also mit meiner Kollegin und hörte ihn polternd ankommen. Er riss die Türe auf, stand wie ein Grizzlybär vor uns, sprach kein Wort, hockte sich in meinen Sessel und schaute mich mit kalten Augen an. Meine Kollegin beachtete er nicht. Wir hatten uns in vielen Teamsitzungen und in Zweiergesprächen intensiv mit Dennis befasst, wodurch wir unsere Gefühle gut kontrollieren konnten. Noch wichtiger: Ich spürte weder Rachegedanken noch sadistische Phantasien. Ich wollte erreichen, dass Dennis als erste Wirklichkeit erkannte, dass ich der Leiter der Einrichtung sei und die Macht darum bei mir lag. Ansonsten hätten wir ihn nicht in der Einrichtung behalten können. Ich sagte ihm also ruhig, dass dies mein Sessel sei. Zudem werde erst einer Dame der Platz angeboten und außerdem habe er nicht angeklopft. Er solle wieder vor die Türe gehen und tun, was ich gesagt hätte. Sofort kam die Frage: »Warum?« Ich wusste, dass seine Mutter immer auf dieses »warum« eingegangen war und ihm alles immer wieder erklärt hatte, ohne aber auf die Einhaltung zu bestehen, was nur dazu geführt hatte, dass er doch nicht tat, was von ihm gewünscht wurde. Ich sagte ihm also, darum, weil ich das gesagt habe und weil das so richtig sei. Die Atmosphäre war jetzt etwas angespannt, jedoch nicht kämpferisch. Dennis ging hinaus, schloss die Türe, klopfte an, wartete, bis die Erwachsenen sich gesetzt hatten und nahm dann auch Platz. Er wirkte weder beleidigt noch zornig. Er hatte gespürt, dass ich ihn nicht bloßstellen wollte, und die mögliche Wiedergutmachung hatte ihn sogar etwas Hoffnung schöpfen lassen. Ich fühlte, dass er mir ein wenig dankbar war, weil ich eine Struktur schuf, die seine Ängste milderte. Wir besprachen jetzt, wie er sich von Schuld und schlechtem Gewissen befreien könnte, und ich schlug vor, dass er bei schweren Verletzungen der Regeln der Einrichtung von seinem Taschengeld abgeben müsse. Auch hierzu war Dennis bereit, ein Teil musste bereits jetzt für die Beschimpfung seiner Erzieherin gezahlt werden. Es ging mir dabei natürlich nicht darum, dass irgendwelche sinnlosen Regeln und Verbote verinnerlicht und Schuldgefühle in seinem Gewissen verstärkt werden sollten. Ich wünschte eine auf der Liebe zum anderen Menschen und dessen Respektierung gegründete Form von Wiedergutmachung, die seine Schuldgefühle verringern würde. Denn Dennis litt unter diesen Schuldgefühlen, auch wenn sie ihm nur gelegentlich bewusst wurden. Nach zwei Jahren Aufenthalt konnte Dennis entlassen werden. Er besuchte zu Hause eine Hauptschule und schloss dort mit mittelmäßigen Leistungen ab. Vor allem aber mobbte er keine anderen Kinder mehr.

Nicht selten haben die Eltern der Täter einen geringen Bildungsstand sowie ein uneinfühlsames und inkonsistentes Erziehungsverhalten, wie in diesem Fall. Sie sind daher oft nur schwer zu erreichen und haben kaum mehr Einfluss auf ihr Kind.
Das erste Ziel ist der Schutz der Opfer. An jeder Schule oder anderen Einrichtungen müssen deshalb eindeutige Regeln und Ordnungen existieren, auf deren Einhaltung geachtet werden muss.
Die Täter müssen mit diesen Regeln und Gesetzen konfrontiert werden. Strafen, im Sinne von Wiedergutmachungen, müssen zeitnah erfolgen, damit sie Wirkung zeigen. Viele Wiederholungstäter brauchen therapeutische Hilfen.
Zentrale Aufgaben einer Erziehung bestehen darin, die Einfühlung in Mitmenschen zu verbessern. Zur Prävention existieren vielerlei Programme und Materialien.
Es ist wichtig, sich mit der spezifischen Problematik von Jungen zu befassen, weil sie einen überproportionalen Anteil der Täter ausmachen.

Die »Opfer«

Wie groß die Rolle ist, die der Mangel an Einfühlung im Mobbingbereich spielt, macht eine Merkwürdigkeit deutlich. Seit mehreren Jahren wird die Formulierung »Du Opfer« verwendet, um Mitschülern oder Mitschülerinnen deutlich zu machen, dass sie schwach und hilflos seien. Ein Opfer hat durch ein Ereignis oder einen anderen Menschen realen Schaden erlitten und braucht unser Mitgefühl und vielleicht auch unsere Hilfe. Hier wird das Wort als Schimpfwort verwendet, Mitschülern wird ihr vorgeblicher Status vor Augen gehalten, mit dem Ziel, sie zu kränken und zu demütigen. Beim Mobbingtäter wird immer wieder deutlich, dass er Gewalterleben aus der frühen Kindheit im Hier und Jetzt wiederholt. Es steht zwar außer Frage, dass auch eine Opfersituation die Wiederholung von Beziehungen aus früher Kindheit sein kann, es soll aber gleichzeitig betont werden, dass Opfer selbstverständlich keine Schuld an ihrer Rolle tragen und dass jeder zum Opfer werden kann (vgl. Jannan, 2008, S. 37)

Die Statistik zeigt, dass Täter und Opfer keine streng getrennten Rollen sind. Es gibt reine Opfer (11 Prozent), reine Täter (12-13 Prozent) und Kinder oder Jugendliche, die sowohl Täter und Opfer sein können, die sich beispielsweise aus Furcht anbiedern und zeitweilig zum Täter werden (vgl. Hampel, 2008, S. 126). Jungen sind übrigens in allen Gruppen doppelt so häufig vertreten wie Mädchen.

Oft werden Kinder oder Jugendliche zum Opfer gemacht, die sich – beispielsweise wegen ihrer ethnischen Identität, ihres Dialektes, ihrer Religionszugehörigkeit – von der Großgruppe unterscheiden. Dazu gehören auch unterschiedliche Bekleidungsstile, Aussehen und auch bestimmte Persönlichkeitsaspekte. Darunter gibt es vieles, was leicht zum Angriffspunkt werden kann. Aber natürlich sind auch diese Kinder Opfer – eine unbewusste Beteiligung an ihrer Rolle bedeutet keine Schuldzuweisungen. Am häufigsten werden ängstliche und aggressionsgehemmte Kinder gemobbt, die sich nicht ausreichend wehren können, die überbehütet und nicht ausreichend autonom sind und ein schwaches Selbstwertgefühl haben. Ich habe in den vergangenen Jahren viele Mobbingopfer kennengelernt. Manche von ihnen hatten es extrem schwer, bis die Verfolgung durch Einzelne oder Gruppen beendet wurde, was für die jeweiligen Opfer schwere psychische Folgen haben kann. Ein paar Beispiele:

Es ist natürlich ein Unterschied, ob ein einzelner Täter sein brutales Unwesen treibt, oder ob ein Kind noch zusätzlich von Mitläufern oder seiner gesamten Klasse abgelehnt oder verspottet wird. Wer viele Freunde hat, ist vor Mobbing eher gefeit, aber gerade die ängstlichen Kinder haben häufig auch Kontaktschwierigkeiten. Oft sind sie völlig isoliert. Ein zwölfjähriges Mädchen hat mit Trennungsängsten, aber auch mit großen Versagensängsten, weil sie hohe Leistungsansprüche an sich selbst stellt, zu kämpfen. Die Eltern sind getrennt, das Mädchen lebt in enger Beziehung zur Mutter. Der Vater ist weit weg und zeigt kein Interesse an der Tochter, er setzt sich also auch nicht fürsorglich für sie ein. Das Mädchen hat große Ängste vor Kontakten und folglich keine Freundinnen in der Klasse. Außerdem ist sie aggressionsgehemmt und konfliktscheu und reagiert schon auf kleine Auseinandersetzungen mit Panik oder Erstarrung. Es ist nicht sicher, ob sie wirklich gemobbt wird, aber wegen ihrer Angst vor Nähe reagiert sie schon auf gewöhnliche Kontakte, als seien sie Bedrohungen. In diesem Fall ist natürlich dringend eine Psychotherapie anzuraten, denn das Mädchen provoziert es geradezu, dass sie geärgert wird. Sie muss lernen, alltäglichen Stress auszuhalten – und dennoch braucht sie auch Schutz. Solche regressiven Symptome, meist einhergehend mit Ängsten und Bauchschmerzen, sind für viele Mobbingopfer typisch.

Ein wenig Übergewicht des Gesprächspartners, genügt manchen Mitmenschen offensichtlich schon als Freibrief für Entwertung. Die vermeintliche Schwäche darf rücksichtslos bloßgestellt werden, der Dicke ist schließlich ein Schädling und lächerlich dazu. Besonders dicke Kinder leiden unter dieser feindlichen Umwelt. Sie sind grausamen Verletzungen von Gleichaltrigen und Erwachsenen ausgesetzt und leiden zudem unter ihrem gestörten Selbstwertgefühl. Beides hängt eng miteinander zusammen. Ein zwölfjähriger Junge mit ausgeprägter Adipositas ist ein Außenseiter und wird von fast allen in der Klasse ununterbrochen mit üblen Ausdrücken bedacht: Fettsack, Schwabbel, fette Sau sind noch die harmlosesten. Gelegentlich macht auch ein Lehrer eine Bemerkung über das Äußere des Jungen, was in der Klasse feixend zur Kenntnis genommen wird.

Auch ein Dialekt oder Akzent kann zum Anlass von Mobbing werden. Umzüge – gerade auch über größere Entfernungen – sind heutzutage häufiger als früher, so kommen Sachsen nach Bayern, Schwaben nach Berlin und Bayern nach Hamburg. Ein zehnjähriges Mädchen ist in den USA aufgewachsen, der Vater war dort bei einer Firma tätig. Das Mädchen hat eine amerikanische Schule besucht und spricht Deutsch mit einem starken amerikanischen Akzent. Sie wird gnadenlos verspottet, nachgeäfft, niedergemacht und »Aminutte« genannt.

Bei einem achtjährigen Mädchen tritt eine so genannte Pubertas praecox ein. Das heißt, es kommt zu einem verfrühten Einsetzen der Pubertät mit den entsprechenden Folgen. Dem Mädchen wächst ein Busen, was sich natürlich nicht verbergen lässt. Es wird, vor allem von den älteren Jungen, mit übergriffigen, zotigen Bemerkungen verfolgt. Das Mädchen will nicht mehr zur Schule, weint zu Hause und möchte sich »am liebsten die Brüste abschneiden«. Das tägliche Mobbing, das trotz Interventionen der Lehrerin nicht beendet werden kann, hat auch massive Folgen auf die weibliche Identitätsentwicklung des Mädchens. Doch die Kränkungen werden fortgesetzt, von hämischem Grinsen über Tuscheln bis zu obszönen Gesten.

Es fehlt in allen diesen Fällen an Mitgefühl, an der Fähigkeit, sich in den anderen Menschen, in sein Leiden, in seine Ängste einzufühlen. In diesem Bereich muss übergreifende Erziehungsarbeit einsetzen und langfristig wirken. Jeder Lehrer sollte darüber nachdenken, ob er nicht selbst schon zur Diskriminierung eines Kindes beigetragen hat, weil das im jeweiligen Moment ein ganz netter Spaß war. Wir können – gerade in der heutigen Zeit, die narzisstische Tendenzen und Ich-Bezogenheit sehr fördert – nicht genug an verbesserter Einfühlung arbeiten. Ich habe den Eindruck, dass es vielen Kindern immer schwerer fällt, sich in die Rolle eines leidenden Menschen zu versetzen. In vielen Untersuchungen wurde festgestellt, dass Mobbingopfer meist ängstlicher, unsicherer und aggressionsgehemmt sind und dass sie ein geringeres Selbstwertgefühl haben. Es kann jedoch jedes Kind zum Opfer von Mobbing werden.

Cyber-Mobbing
Vor einiger Zeit habe ich in einer angesehenen Wiener Zeitung einen Artikel veröffentlicht. Neben einigen zustimmenden Mails, die sich auch mit ihrer Adresse outeten, gab es einen »Shit-Storm« mit 106 Zuschriften. Mit Wucht erreichte mich eine Breitseite von Entwertungen und Unterstellungen, die meisten höchst roh, aggressiv und unverdaut – niemand gab sich zu erkennen, alle Mails waren anonym. Ich erlebte unglaubliche Respekt- und Distanzlosigkeiten, einen erschreckenden Mangel an Einfühlung und viel archaische Wut und Hass. Außerdem hatten die meisten der Räsonierer offensichtlich nur die Überschrift gelesen und dann reflexartig reagiert. Ich fühle mich über solche Angriffe auf Stammtischniveau eigentlich erhaben, doch Vieles war hier so verletzend und erniedrigend, dass ich mich nur noch wütend und hilflos fühlte.

Da konnte ich nachvollziehen, wie es Kindern oder Jugendlichen ergeht, die im Internet bloßgestellt, die in sozialen Netzwerken ausgegrenzt und beleidigt werden. Sie sind der Häme und dem Spott aller ausgesetzt und können sich nicht wehren. Hinzu kommt, dass das Internet nichts vergisst. In Netzwerken muss sich ein Täter immerhin zu erkennen geben. Cyber-Mobbing insgesamt ist aber eine besonders infame Variante des Mobbings, weil die Täter auch anonym bleiben können. Es ist die konsequente Fortführung von Bloßstellung und Erniedrigung mit neuen Mitteln und Möglichkeiten.

Von einer besonders hinterhältigen Form des Cyber-Mobbings wurde mir innerhalb einer Supervision erzählt. Eine 19-jährige, sehr isolierte, sehr schüchterne Jugendliche wurde von einer Clique eingeladen, mit ihnen ein Fest zu besuchen. Das junge Mädchen trank Alkohol, den sie nicht gewöhnt war. Unklar blieb, ob ihr etwas ins Getränk gemischt wurde. Auf dem Heimweg überredeten einige junge Männer die Jugendliche, sich nackt auszuziehen. Das Mädchen war vom Alkohol so eingenebelt und froh darüber, Anschluss gefunden zu haben, dass sie es widerstrebend tat. Einer der Jugendlichen fotografierte sie heimlich, stellte das Bild ins Internet und machte seine Kumpel per Rundmail darauf aufmerksam.

Ebenfalls aus einer Supervision erfuhr ich die folgende Fallgeschichte. Eine 15-Jährige war wegen einer depressiven Entwicklung mit quälenden Suizidgedanken sowie wegen selbstverletzendem Verhalten in Psychotherapie. Langsam stabilisierte sie sich etwas und begann, wieder Freude am Leben zu finden. Da wurde das Mädchen in einem sozialen Netzwerk, gemeinsam mit einer Freundin, von Unbekannten mit hässlichen Bemerkungen attackiert. Es war zu vermuten, dass einige Klassenkameradinnen dafür verantwortlich waren. Selbstanklagen und suizidale Phantasien nahmen wieder zu, vor allem begann das Mädchen, sich wieder selbst zu verletzen. Zum Glück war sie auch weiterhin in psychotherapeutischer Behandlung und konnte dort gestützt werden, so dass sie nicht weiter abglitt.

Fremdenhass
Viele Mobbingtäter neigen zu offensichtlich nicht ausrottbaren Vorurteilen gegenüber Fremden und Homosexuellen. Es ist für alle Erzieherinnen und Erzieher wichtig, sich über die Ursachen zu informieren und aufklärend zu wirken, was eine Bewusstseinserweiterung ermöglichen sollte. Es lässt sich sagen, dass der Fremdenhass fast dieselben Wurzeln wie das Mobbing hat.

Beim Verfassen dieses Kapitels ist mir aufgefallen, wie oft ich in meinem Leben selbst gemobbt worden bin. Ich war heimatvertriebenes Kriegskind und habe fast sieben Jahre in einem Flüchtlingslager gelebt. Ausgebombte, Flüchtlinge und Vertriebene hatten damals keine Heimat mehr und blieben in den neuen Welten fremd und ungeliebt. Für die Einheimischen waren sie Feinde, »Reingeschmeckte«, die ihnen unheimlich waren. Sie sahen sich von ihnen bedroht, denn die unerwünschten Eindringlinge wollten von ihnen Lebensmittel und Lebensraum, was sie als Übergriffe verstanden. Mit Kriegsende waren Fremdenhass, Antisemitismus und Vernichtungswünsche gegenüber vermeintlich Schwachen keineswegs verschwunden. Nachdem eine Verfolgung von Juden nicht mehr möglich war, füllten die neuen Fremden das entstandene Vakuum für Hass und Ablehnung rasch auf. Da die meisten von ihnen aus dem Osten kamen, konnten sie problemlos zu den neuen »Untermenschen« gemacht werden – sie wurden zum »Flüchtlingspack«. Wir Bewohner des Flüchtlingslagers wurden von den Einheimischen, auch von manchen Mitschülern, »Lagerstinker« genannt.

Es wird deutlich, dass es immer wieder um ähnliche Mechanismen geht. Es verleiht Macht und bereitet Lust, wenn ein anderer schlechter ist als man selbst. Das eigene Schlechte wird in den anderen Menschen »projiziert«. Bielicki (1993) hat den Projektionsmechanismus mit einer drastischen Metapher verbildlicht. Der Fremdenfeind wirft in einer Nacht- und Nebelaktion seinen Müll in den Garten des Nachbarn. Am nächsten Tag will er davon nichts mehr wissen, beschimpft aber diesen Nachbarn als eine Drecksau. So kann man ihn mit Recht entwerten, beschimpfen oder verprügeln.

Wenn über Mobbing und Bullying in der Schule gesprochen wird, ist es wichtig, dass auch über diese unbewussten »Projektionsmechanismen« gesprochen wird, denn sie gehören leider nicht der Vergangenheit an. Im Jahr 2013 kommen wieder arme Flüchtlinge aus Ländern, in denen Bürgerkrieg herrscht, nach Deutschland. In manchen Orten müssen sie bereits von der Polizei geschützt werden, weil befürchtet wird, die Angst der Bevölkerung könnte zu Gewalthandlungen führen. Zum Glück wurde nicht vergessen, dass 1991 in Hoyerswerda ein Wohnheim für Vertragsarbeiter angegriffen worden war und mit Molotow-Cocktails abgebrannt werden sollte oder 1993 Jugendliche in Solingen ein Haus mit türkischen Bewohnern in Brand setzten, wobei fünf Menschen starben. Das Motiv war in beiden Fällen Fremdenhass.

Homophobie

Von zwei Dritteln der Jungen werden »schwul« und »Schwuchtel« heutzutage als Schimpfwörter gebraucht. Mit diesen Ausdrücken werden Mitschüler verspottet und entwertet, die nach Meinung solcher Jugendlicher nicht ausreichend »männlich« sind. Homosexuelle Regungen werden damit unbewusst mit weiblicher Schwäche und Unmännlichkeit gleichgesetzt. Dahinter verbirgt sich auch Angst vor der eigenen Weiblichkeit. Das Weibliche wird auf geeignete Personen projiziert und dort bekämpft.

Machohafte Tendenzen kommen nicht nur bei erwachsenen Männern, sondern schon bei Jungen und männlichen Jugendlichen vor. Der Macho versucht, seine völlig verzerrten und illusionären Vorstellungen von Männlichkeit umzusetzen und zu leben. Er hat Angst vor seinen Gefühlen und allen weiblichen Tendenzen in sich; deshalb entwertet und verachtet er diese und die Frauen. Homosexuelle sind in der Vorstellung solcher Jugendlicher keine richtigen Männer. Dabei ist diese Ansicht völlig falsch. Homosexuelle Männer haben eine eindeutige männliche Geschlechtsidentität, lediglich ihre *Geschlechtspartneridentifizierung* ist auf das eigene Geschlecht gerichtet. Der machohafte Junge hat sich entweder mit einem machohaften Vater identifiziert oder er hatte keinen Vater, mit dem er sich identifizieren konnte. Das versucht er dadurch auszugleichen, dass er jetzt verzerrte Vorstellungen von Männlichkeit entwickelt und sich von allzu großer Nähe zur Mutter, und damit zum Weiblichen, distanziert.

Diese Verfolgung des Weiblichen, das mit Schwäche gleichgesetzt wird, findet leider immer noch in einem hohen Maße statt. Trotz einer Liberalisierung im gesellschaftlichen Umgang ist eine bis zur Bereitschaft zu körperlicher und seelischer Gewalt reichende Abwehr und Ächtung der Homosexualität nach wie vor verbreitet. Homosexuelle Männer sind im Vergleich zur Gesamtbevölkerung tatsächlich überproportional häufig von Gewalt betroffen. Homophobe Übergriffe werden fast ausschließlich von – zumeist in Gruppen auftretenden – männlichen Jugendlichen zwischen 14 und 25 Jahren begangen (Hopf, 2014). Zum einen werden hierbei Angst machende eigene homosexuelle Anteile auf den homosexuellen Mann projiziert und dort bekämpft, zum anderen werden Hass und Entwertung von Frauen und Weiblichkeit auf ihn gerichtet. Repression von Homosexualität ist immer auch Repression des Weiblichen. In Ländern, in denen Weiblichkeit missachtet wird, sind solche Tendenzen besonders stark vertreten.

Es geschieht *allen* Menschen immer wieder, dass sie eigene, abgelehnte Charakterzüge auf auffällige Minderheiten – auch auf die zuvor erwähnten Gruppen – projizieren und sie dann bei sich selbst nicht mehr wahrnehmen. Homophobie ist darum nicht nur ein Phänomen von gewaltbereiten Gruppen. Homophobie, Angst vor der eigenen Weiblichkeit und Diskriminierung der Homosexuallen finden unaufhörlich und in allen Schichten statt. Solche meist subtilen Entwertungen, vermeintliche Tatsachen, die bei näherem Hinsehen lediglich Unterstellungen sind, und zotiges Witze Reißen sind die Regel. Selbst Psychoanalytiker sind nicht dagegen gefeit, denken wir nur an die langen Debatten der Vergangenheit, ob homosexuelle Menschen Psychoanalytiker werden können und ob sie Kinder adoptieren dürfen. Wenn in der Politik die Adoption durch homosexuelle Eltern damit abgetan wird, dass sich eine führende Politikerin äußert, sie könne das schwer akzeptieren, weil das Kindswohl in Gefahr sei, so ist das als persönliches Vorurteil in die zuvor genannte Kette von Diskriminierungen einzuordnen und eine Verletzung der politischen Fürsorgepflicht von etwa 4 Prozent der Bevölkerung. Tatsache ist auch, dass wir nicht genau wissen, wie Homosexualität entsteht. Zu einem großen Teil ist sie wahrscheinlich angeboren. Über einfache Identifizierung mit einem Elternteil wird kein Kind homosexuell. Kinder, die bei einem homosexuellen Paar aufwachsen, unterscheiden sich in nichts von Kindern heterosexueller Paare. Dies haben alle bisherigen Untersuchungen eindeutig nachgewiesen (Hopf, 2014).

Schule ist für alle da –
Anpassungsbereitschaft und Toleranz

Wir leben in Zeiten, die Individualismus, Narzissmus und Ich-Durchsetzung fördern. Toleranz und Rücksicht bleiben dabei oft auf der Strecke. Individuelle Erziehungsvorstellungen und dogmatische Gedanken werden nicht selten massiv vorgebracht und sollen von der Schule umgehend berücksichtigt werden. So existiert beispielsweise die Vorstellung, dass auf »ADHS-Kinder« immer Rücksicht genommen werden sollte. Würde dies getan, so wäre das wohl ein Kardinalfehler, denn gerade diese Kinder verstoßen ständig gegen Regeln und müssen mit dem väterlichen Gesetz konfrontiert werden. Eine christliche Mutter verlangt, dass in Anwesenheit ihres Kindes nichts »Unchristliches« ausgesprochen werden darf. Geschichten von der »Kleinen Hexe« seien heidnisch, der »Münchner im Himmel« sei Gotteslästerung. Eine Gruppe von Eltern fordert wiederum, dass in Klassenzimmern keine Kreuze sein dürften. Ein Mädchen in der Grundschule erzählte, dass sie das Zimmer verlassen müsse, wenn von Gott gesprochen werde, das wünschen ihre Eltern so. Ein kleiner Junge, begabter Klavierspieler, darf auf Gebot und Ermahnung seiner Eltern hin keine »christlichen Lieder«, wie etwa »Stille Nacht« und »O Du fröhliche« begleiten.

Ich meine, dass solchen Auswüchsen energisch begegnet werden sollte. Wir haben Gemeinschaftsschulen, die Rücksicht und Toleranz verlangen und zu solchen Tugenden erziehen sollten. Gelegentlich sollte jenen Eltern vorgeschlagen werden, ihr Kind auf eine entsprechende Privatschule zu schicken.

Es herrscht die allgemeine Vorstellung, Christen seien tolerant, Muslime nicht. Im Therapiezentrum, dessen therapeutischer Leiter ich einst war, habe ich eine türkische Mutter gefragt, wie wir ihren Sohn während des gemeinsamen Religionsunterrichts der anderen Kinder »versorgen« könnten. Sie meinte, er solle doch wie alle anderen Kinder am Religionsunterricht teilnehmen, denn Religion sei immer besser als keine Religion – vielleicht könne er auch von Christen Gutes lernen.

Zusammenfassung
Die Neigung zum Mobbing beruht vor allem auf einem Mangel an Liebe und Einfühlung. Liebe (nicht Verwöhnung) der Eltern zu ihren Kindern und ein konsistentes Erziehungsverhalten führen zu mehr Einfühlung und ein besseres Einfühlungsvermögen ermöglicht wiederum mehr Liebe. Empirische Untersuchungen weisen nach, dass Präventionen sehr hilfreich sein können, um Mobbingprobleme zu verringern. Hierzu gehören Aufklärungsarbeit über Fremdenfeindlichkeit und Homophobie, aber auch Diskussionen über Aggression, Konfliktbewältigung und Gewalt enthaltende Medien. Es existieren mittlerweile vielerlei Bücher zu diesem Thema, auch mit ganz praktischen Ratschlägen. Ich empfehle hier beispielsweise »Das Anti-Mobbing-Buch« von Mustafa Jannan mit einem Begleitheft für Eltern, mit direkten Handlungsstrategien und Methoden und Übungen für die Schule.

»Schule schwänzen«

Herumstreunen und die Schule »schwänzen« ist die massivste Form von Schulverweigerung und Vermeidungsverhalten. Rein äußerlich scheint bei den Streunern keine Angst erkennbar zu sein. Aber auch bei ihnen ist die wesentliche Triebfeder eine Form von Angst, vor allem Angst vor Anstrengung, Mühe und Leistung. Schulverweigerer versuchen, fast alle Anforderungen zu vermeiden und sie durch »lustvolle« Verhaltensweisen wie Computerspielen, Herumstreunen, Bummeln und Konsumieren zu ersetzen. Beliebte Orte hierfür sind Kaufhäuser und Rummelplätze. Solche modernen Konsumtempel sind für fast alle Kinder ein Paradies, angefüllt mit Naschereien und elektronischen Lustbarkeiten – orale und narzisstische Wünsche können ohne Aufschub wie im Märchen erfüllt werden. Auf den Jahrmärkten ist es nicht anders. Die wesentlichen menschlichen Bedürfnisse, die Rummelplätze befriedigen können, entstammen nach dem Psychoanalytiker Michael Balint primitiven Schichten der Seele. Drei seien hier besonders hervorgehoben: zu allererst die primitiven oralen Genüsse, sehr billig und sehr süß. Dann die aggressiven Vergnügungen durch Werfen und Schießen sowie das Zertrümmern von Gegenständen. Aggression wird nicht nur erlaubt, sie wird gebilligt und sogar belohnt. Und schließlich gibt es viele Vergnügungen im Zusammenhang mit Schwindel, mit Gleichgewichtsstörungen wie Schaukeln, Karussellfahren, Berg- und Talbahn und Geisterbahnen (Balint, 1972, S. 17). Es sind offenkundig die ganz frühen Bedürfnisse eines Säuglings, die hier ungehemmt ausgelebt werden können. Die Sehnsucht des Streuners, dort Befriedigung für seine Sehnsüchte zu finden, macht auch seine Mängel deutlich: Es gab in der Vergangenheit oft zu wenig emotionale Zuwendung, es fehlte aber auch ein Vater, der das Kind durch die Luft gewirbelt, vor allem *gehalten* und *begrenzt* hätte. Es mangelte fast immer an ausreichender elterlicher Aufsicht. Und festzustellen ist: Je ausgeprägter und langanhaltender das Streunen ist, umso mehr belastende Faktoren sind auch in der Familie zu finden.

Bei Schulverweigerungen wegen Schulangst und Schulphobie ist die zentrale Ursache immer Angst. Die Symptomatik des »Schulschwänzens« tritt hingegen nicht selten im Zusammenhang mit Verwahrlosungen und beginnenden dissozialen Störungen auf und entwickelt sich bei einsetzender Adoleszenz. Es ist eine Form des gestörten Sozialverhaltens mit einer oppositionellen Komponente. In vielen Fällen spielen auch Lernstörungen eine erhebliche Rolle. Untersuchungen und Schätzungen gehen von 65 000 bis 70 000 Schülern aus, die in solcher Weise die Schule verweigern (Oelsner, Lehmkuhl, 2002, S. 104).

Der 16 Jahre alte Yannick geht in die 9. Klasse einer Hauptschule. Er besucht die Schule nur unregelmäßig, meist streunt er in der Stadt umher, in Läden und Kaufhäusern. Außerdem trinkt er viel Bier, das er in Supermärkten klaut. Die Mutter und der Stiefvater sind hilflos; regelmäßig kommt es zu eskalierenden Streitsituationen, zumal Yannick den Stiefvater nicht ausstehen kann. Er gibt an, nicht in die Schule zu wollen, weil man ihn dort »nicht ernst nehmen« würde. Yannick ist nichtehelich geboren, seinen leiblichen Vater kennt er nicht. Mit eineinhalb Jahren kam er in die Kita, als er fünf Jahre alt war, gab ihn die Mutter zu Verwandten in Pflege. Als er acht Jahre alt war, heiratete die Mutter den jetzigen Stiefvater und holte den Jungen zurück. Mehrere Umzüge folgten. In die jetzige Schule geht Yannick erst seit einem Jahr.

Schulschwänzer sind in der Regel deutlich älter als Kinder mit Schulangst und Schulphobie, zu zwei Dritteln sind es Jungen. Hintergrund solcher Entwicklungen ist oft – wie bereits erwähnt – eine unzureichende elterliche Versorgung und fehlende familiäre Struktur, meist schon in den ersten Lebensjahren. Fast immer mangelt es an einer zugewandten väterlichen Bezugsperson. Es existieren aber auch, wie an diesem kleinen Beispiel erkennbar, Mischformen mit starker ängstlicher Beteiligung oder anderen psychischen Problemen. In solchen Fällen ist die Prognose besonders ungünstig. Diese Faktoren haben natürlich Konsequenzen für das therapeutische Vorgehen. Die Wiederherstellung einer väterlichen Struktur mit stabilen Rahmenbedingungen ist daher erste Voraussetzung. Der Jugendliche muss unbedingt in die Schule gehen, und das muss gelegentlich mit Strenge und auch mit Strafen durchgesetzt werden.

Auch im folgenden Fallbeispiel lassen sich die schon zuvor erwähnten grundlegenden Defizite erkennen. Der 16-jährige Maik wird von seiner Mutter bei einer Kinder- und Jugendlichen-Psychotherapeutin angemeldet. Zum Erstgespräch erscheinen Mutter und Stiefvater, beide sind große und kräftige Menschen und stehen erkennbar unter großen Spannungen. Vom Stiefvater geht etwas Düsteres, fast Bedrohliches aus. Der Jugendliche erscheint wesentlich jünger, ist auch sehr klein für sein Alter und sitzt zwischen beiden, als werde er vor ein Strafgericht geführt. Schon bei der Begrüßung wirkt er unsicher, er senkt den Blick oder schaut weg. Er spricht mit einer auffallend hohen Stimme, als habe er noch keinen Stimmbruch gehabt. Die Mutter ist voller Wut und legt gleich los: Ihr Sohn schwänze die Schule und habe zu nichts Lust. Er wolle immer nur spielen, im Internet, am PC oder an der Play Station. Die neunte Klasse habe er bereits wiederholt. Seitdem lerne er noch weniger, verweigere noch mehr. Mehrfach sei er in letzter Zeit sogar über Nacht weggeblieben. Lernfaul sei er immer schon gewesen, aber seit dem Tod der Großmutter vor drei Jahren hätten sich seine Verweigerungen zugespitzt. Wortkarg bestätigt der Jugendliche die Vorhaltungen seiner Mutter. Er habe einfach keine Lust, in die Schule zu gehen, er würde einfach lieber spielen. Über Nacht weggeblieben sei er aus Angst vor elterlichen Vorwürfen wegen seiner schlechten Schulleistungen. Seine ebenfalls im ärgerlichen Ton vorgetragenen Sätze klingen trotzig, und der Junge erscheint der Therapeutin wie ein materiell verwöhntes, jedoch gleichzeitig verwahrlostes, emotional unreifes Kind.

Im Einzelgespräch berichtet die Mutter, dass sie den Vater von Maik erst kurze Zeit gekannt habe und die Schwangerschaft unerwünscht eingetreten sei. Außerdem habe sie sich ein Mädchen gewünscht. Als der Junge zweieinhalb Jahre alt war, trennten sich die Eltern. Wenig später zogen Mutter und Kind zu einem neuen Freund der Mutter. Die Beziehung war von Anfang an schwierig, und als Maik sechs Jahre alt war, trennte sich das Paar. Das Ende der Beziehung wird als sehr destruktiv beschrieben. In dieser Phase wurde Maik eingeschult. Von Anfang an wurde das Kind von den Lehrern als aggressiv und ungehorsam wahrgenommen. Im Laufe der Grundschulzeit wurde Maik auf Sonderschulbedürftigkeit überprüft, was die Mutter energisch bekämpfte. Wenig später lernte die Mutter Maiks jetzigen Stiefvater kennen, mit dem sie seit einigen Jahren verheiratet ist. Zu den Großeltern, den Eltern der Mutter, habe Maik immer ein enges Verhältnis gehabt. Der Tod der Großmutter habe ihn sehr trauern lassen. Während der gesamten Grundschulzeit habe Maik Lernprobleme gehabt und habe auch an Konzentrationsschwierigkeiten gelitten. Eine ADHS sei diagnostiziert worden, Maik habe aber keine Medikamente bekommen.

Auf der einen Seite war Maik unerwünscht und erfuhr als kleines Kind nur wenig Spiegelung und kaum Halt. Auf der anderen Seite band ihn die Mutter an sich und verwöhnte ihn materiell. Die Beziehung der beiden wurde von keinem Vater als »Drittem« gestört, was die Loslösung von der Mutter erschwerte, und Maik fand nicht den Weg in Autonomie und eine Welt der Ordnung und des Lernens. Vielmehr klammerte er sich an das Lustprinzip und begann Anstrengung und Leistung zu fürchten und zu meiden. Der Stiefvater versuchte ihn zum Lernen zu zwingen und setzte Maik unter permanenten Druck. Dies verschärfte allerdings lediglich die Problematik, und Maik zog sich immer weiter zurück.

Maik war jedoch bereit, sich auf eine ambulante Therapie einzulassen, denn auch er litt unter seiner Situation. Zudem wusste er, dass er ansonsten in ein therapeutisches Heim müsste. Die Therapie wurde mit der klaren Vereinbarung begonnen, dass Maik die Schule konstant besuchen würde. Wenn ein Kinder- und Jugendlichen-Psychotherapeut unbewusste Konflikte erkennen kann, die aufgearbeitet werden müssen und wenn aushaltbare ambulante Rahmenbedingungen vereinbart werden können, sollten Jugendliche wie Maik unbedingt psychotherapeutisch behandelt werden.

In beiden Fällen wird eine ambivalente Mutter-Sohn-Beziehung deutlich. Die Mütter lehnten das Kind ab und verwöhnten es, aus Schuldgefühlen heraus, materiell. Autonomie und Anstrengungen wurden somit vermieden, Lust wurde dauerhaft gesucht. Es fehlte an väterlichen Forderungen; die späteren Stiefväter, die nur Druck machten und ansonsten versteckte Ablehnung zeigten, wurden ausschließlich als feindselig erlebt – ein Teufelskreis setzte ein.

Formen von Schulangst
Entscheidend ist, welches Vertrauen Kinder zu ihren Eltern haben und ob sie ihnen ihre Ängste mitteilen. Ansonsten sind die Eltern darauf angewiesen, Hinweise aus Veränderungen im Verhalten ihres Kindes zu bekommen. Kommt es bedrückt von der Schule? Ist es nervös und angespannt? Geht es erkennbar nicht gerne in die Schule? Leidet es an Schlafstörungen? Fürchtet es sich vor den Pausen, weil es Angst vor manchen Schülern hat?
Fühlt sich ein Kind von einigen Lehrern oder Mitschülern abgelehnt oder von manchen Lehrern schlecht beurteilt oder hat ein Kind Angst vor Strafen, so sollte immer ein Gespräch mit den Lehrern geführt werden. Ein Kind kann aber auch zu ausgeprägten Strafängsten neigen, wenn es ein empfindliches Über-Ich besitzt. Eine mögliche eigene Beteiligung sollte deshalb im Auge behalten werden, damit keine Vermeidungstendenzen auftreten.
Fürchtet sich das Kind vor Referaten oder anderen öffentlichen Darbietungen, ist das zunächst normal; jeder Mensch fühlt sich bei solchen Gelegenheiten beobachtet und hat Angst vor Entwertung. Es können

aber auch starke Schamängste vorliegen, so dass sich ein Kind rasch bloßgestellt und entwertet fühlt. Die Grenzen zwischen normaler und pathologischer Ängstlichkeit sind fließend. Auch Prüfungsängste sind normal, sie können sich jedoch zu panikartigen Zuständen steigern, die fachliche Hilfen erforderlich machen.

Stress und Belastungen entstehen, wenn ein Kind von der Schule überfordert wird. Es gibt überschätzte aber auch unterschätzte Kinder. IQ-Werte können nicht ausreichend Auskunft über einen Schulerfolg geben. Ohne Motivation, Aufmerksamkeit und Durchhaltevermögen und ohne weitere emotionale Fähigkeiten kann Intelligenz nicht realisiert werden, da helfen keine Nachhilfen und ähnliche Förderungen.

Fürchtet ein Kind die Pausen, hat es Angst vor manchen Mitschülern, so besteht Verdacht auf Mobbing. Bei Mobbing sollte ebenfalls sofort Kontakt mit der Schule aufgenommen werden. Wie zuvor sollte auch hier beachtet werden, wo eine Beteiligung des Kindes liegen könnte. Vielleicht kann sich das Kind nicht ausreichend aggressiv durchsetzen, vielleicht besitzt es seelische Neigungen, sich in eine Opfersituation bringen zu lassen.

Beim Schulschwänzen dominiert Schulunlust. Hintergrund ist letztendlich eine Angst vor Anstrengung, Mühe und Leistung. Schulverweigerer meiden Unlust bereitende Anforderungen der Realität, wie stundenlanges Lernen, Spannungen aushalten, sich in eine Gruppe einfügen, Regeln und väterliche Strukturen zu achten, und ersetzen sie durch »lustvolle« Verhaltensweisen. Schulschwänzen kann von anderen sozialen Auffälligkeiten begleitet werden. Häufig wissen die Eltern nichts davon, und die schulischen Leistungen werden unabwendbar immer schlechter.

Teil II:
Trennungsangst

In den bisherigen Kapiteln standen Schulängste, also primär reale Ängste in und vor der Schule, im Mittelpunkt. Zwei weitere große Störungsbereiche können den Schulbesuch von Kindern beeinträchtigen: Trennungsängste und die Schulphobien. Darum will ich in den folgenden Abschnitten zunächst in Kürze erklären, wie normale Trennungsängste beim Kind entstehen. Es soll aber auch verdeutlicht werden, wie sie im Laufe einer gesunden Entwicklung bewältigt und ausgehalten werden können. Störende Verläufe während der Entwicklung können dazu führen, dass Trennungsängste zu manifesten Ängsten werden, die das Leben eines Kindes und einer Familie massiv beeinträchtigen können.

Wie Trennungsangst entsteht
und wie ein Kind lernt, Trennung auszuhalten

Reale Angst oder Furcht schützt uns vor Gefahren und ist, wie schon am Anfang verdeutlicht, lebenswichtig. Aber wie alle seelischen Funktionen kann auch dieser sinnvolle Mechanismus beeinträchtigt werden. Dann entwickelt sich eine störende Symptomatik. Während der Entwicklung eines Kindes können vielerlei bewusste und unbewusste Konflikte entstehen. Sie können Ängste nach sich ziehen, die nicht mehr zweckmäßig, ja irreal sind. Solche Ängste können sich aufblähen und das Kind, später den Erwachsenen, quälen und nicht mehr zur Ruhe kommen lassen. Ein Beispiel dafür:

Ein etwa zehnjähriges Mädchen wird jeden Abend, wenn sie zu Bett gehen soll, von einem schockierenden Gedanken überfallen: Ich werde heute Nacht erkranken und sterben. Ich werde am nächsten Morgen nicht mehr aufwachen. Vielleicht sterben aber auch heute Nacht meine Eltern. Ein endloser Dialog entspinnt sich mit der Mutter, die der Tochter immer wieder versichern muss, dass dies nicht der Fall sein werde. Danach ist die Mutter jeden Abend erschöpft und dankbar, wenn das Mädchen endlich eingeschlafen ist. Erkennbar sind es Ängste, die nichts mit der Wirklichkeit zu tun haben; sie werden auch »neurotische Ängste« genannt.

Aber auch hier wirken reale Ängste mit. Als Dreijährige hat das Mädchen erfahren, dass eine Kusine über Nacht an Herzversagen gestorben ist. Einschlafen bedeutet, sich trennen zu müssen. Die Erinnerungen an den Tod der Kusine knüpfen an die jetzigen Ängste vor Trennung an, so dass das Mädchen irreale Befürchtungen entwickelt, sie selbst oder die Eltern könnten sterben. Wir können das wie einen Tagesrest beim Traum verstehen, wo sich reale Erinnerungen unter die Traumphantasien mischen.

Ein weiteres Beispiel: Ein neunjähriger Junge hat panische Ängste vor Einbrechern. In der Regel schläft der Junge mit seiner Mutter im Ehebett, der Vater auf der Couch im Wohnzimmer. Wie das Mädchen vorher hat er ebenfalls Rituale entwickelt. Ununterbrochen muss er entweder viermal oder zehnmal einen Radiergummi drehen oder gegen die Wand schlagen. Wahrscheinlich bewältigt er so die Aggressionen, die scheinbar nicht in die Beziehung gebracht werden dürfen. Ansonsten müsste er befürchten, die Eltern würden böse und könnten ihn nicht mehr lieben. Auch in diesem Fall gibt es für die Ängste vor Einbrechern ein auslösendes Ereignis. Als die Familie einmal abwesend war (der Junge war damals drei Jahre alt), wurde ein Einbruch verübt. Danach habe die Mutter große Angst gehabt und den Jungen zu sich ins Zimmer genommen. Ihre Ängste wurden danach zu Ängsten des Jungen.

Ängste können »ansteckend« sein. Mit dem Angstschweiß von Probanden ließ sich das sogar in Versuchen nachweisen. Kinder nehmen unbewusst wahr, ob ihre Eltern Angst haben, wie der Junge im Beispiel zuvor. Sie stellen auch fest, wenn ihre Eltern einander nicht mehr lieben und sich trennen wollen. Mütter von trennungsängstlichen Kindern sind häufig selbst ängstlich und darum kontrollierend, überbehütend und nachgiebig-verwöhnend. Die Mutter-Kind-Beziehung kann sich leicht zu einer symbiotischen Beziehung hin entwickeln, die krankhafte Züge zeigt und langfristig das Störungsbild »Trennungsangst« entstehen lässt. Von Anfang an sollten Eltern immer daran denken, eigene Angststörungen behandeln zu lassen.

An beiden Geschichten lässt sich auch beobachten, wie aus tatsächlichen Ereignissen unwirkliche Phantasien entstanden sind, die von irrealen Ängsten begleitet wurden. In solchen Fällen wird unser Einfühlungsvermögen einer schweren Probe unterzogen. Warum beginnt ein sonst mutiges, fröhliches Kind zu zittern, wenn es vom Ufer aus ein Boot besteigen und lediglich einen Meter auf sicherem Steg über das Wasser laufen soll. Warum kann ein 14-jähriger Junge nicht in den ersten Stock der Schule zu seinem Klassenzimmer gehen, fängt an zu schwitzen, zu zittern und sich zu verweigern? Warum kann ein Mädchen mit einer Magersucht nicht essen? Warum kann ein Jugendlicher kein Flugzeug besteigen? Warum kann ein Dritter keine Schlangen, Quallen oder Spinnen sehen oder gar anfassen? Warum kann sich ein Kind nicht von seiner Mutter trennen, nicht mehr in die Schule gehen und ein anderes nicht mehr mit Fremden sprechen? Das Ausmaß solcher Befürchtungen, bis hin zu Panikattacken, verbunden mit einer Reaktion auf scheinbare körperliche Bedrohungen, scheint unbegreiflich und unfassbar.

Alle ängstigenden Phantasien und Ängste eines Kindes müssen immer ernst genommen werden, und seien diese noch so ausgefallen, phantastisch, befremdlich oder skurril. Sie sollten niemals klein geredet werden. Auch wenn von außen keine realen Ursachen für Ängste wahrgenommen werden können, leidet das Kind subjektiv unter ihnen. Auf keinen Fall sollte man sich über sie lustig machen!

Wie schon erwähnt, können Ängste auch verleugnet und zum Verschwinden gebracht werden. Auch hierzu ein Fallbeispiel. Ein sechsjähriger Junge wird an einer Beratungsstelle vorgestellt. Schon früh ist er durch sein großes motorisches Geschick aufgefallen, mit drei Jahren habe er bereits an Fahrradrennen teilgenommen. Trotz seiner herausragenden motorischen Fähigkeiten erlitt der Junge zwischen seinem vierten und sechsten Lebensjahr mehrere, teils lebensgefährliche Unfälle. Bei einer Radtour mit dem Vater fuhr er – gerade einmal dreijährig – einen Steilhang an einem Fluss fast senkrecht hinunter. Mit dreieinhalb Jahren sprang er in einen Swimmingpool, obwohl er noch nicht schwimmen konnte. Die Mutter hatte es nicht bemerkt, ein 14-jähriges Mädchen rettete ihn. Der Junge wäre dabei fast ertrunken.

Bei einem anschließenden Schwimmkurs erlitt der mittlerweile Vierjährige einen Panikanfall, bekam keine Luft mehr, ging unter und wäre wiederum fast ertrunken; danach hatte er lange Zeit panische Angst vor Wasser. Es stellte sich heraus, dass die vielen Unfälle keineswegs Zufälle waren. Die Mutter des Jungen war latent depressiv, dem Kind gegenüber höchst ambivalent und schützte und behütete den Jungen nicht ausreichend. Wir können seine Unfälle als Ergebnis eines zu großen Wagnisses sehen, aber auch als verzweifelte Suche nach Halt. Ein solches Verhalten eines Kindes wird auch als Variante einer Bindungsstörung, als sogenannter Unfall-Risiko-Typ beschrieben. Solche Kinder sind häufiger in Unfälle mit Selbstgefährdung und Selbstverletzung verwickelt. Ursache dafür ist ein Ausblenden von Gefahren, eine Verleugnung von realer Angst sowie ein hohes Risikoverhalten (Hopf, 2014).

Bindung ist ein emotionales Band

Was ist im oben beschriebenen Fall wohl misslungen? Dieser Junge hatte keine sichere Bindung erworben. Biologisch ist in jedem Kind angelegt, dass es sich eine Bindungsperson sucht, die es schützt, pflegt, bei der es sich geborgen fühlt und die es in eine große, kalte Welt begleitet. Um diese Bindungsperson wirbt der Säugling mit vielen angeborenen Fähigkeiten, mit Schreien, mit Klammern, mit freundlichem, gewinnendem Lächeln. So gut wie immer ist die Mutter die erste Bindungsperson. Das Bindungsverhalten zu ihr wird von heftigen Gefühlen begleitet – sichtlich wird ihr Liebe entgegengebracht. Ihre Ankunft wird mit Lachen und Jauchzen, mit großer Freude begrüßt. Geht sie auch nur kurz weg, ist das Entsetzen groß, und es erfolgt unstillbares Schreien. Dieses Verhalten kann gelegentlich auf eine ganze Gruppe ausgedehnt werden. Entfernt sich jemand aus der Gruppe auch nur kurz, folgt sichtlich Missstimmung mit lautem Schreien. Wenn Säuglinge ihre Bindungsperson vermissen, so lassen sie sich nicht einfach von anderen trösten. Allerdings gibt es bald weitere Bindungspersonen wie Vater, Großeltern oder Tagesmütter, welche ebenfalls die Bindungsbedürfnisse eines Kindes beruhigen können.

So machte ein einjähriger Junge recht früh nicht nur Mutter und Vater, sondern auch seine Großmutter zur stabilen Hauptbindungsperson. Ohne Probleme blieb er tagelang bei ihr, viele Kilometer von der Mutter getrennt. Er akzeptierte auch den Großvater, der mit ihm spielen durfte. Doch wehe, die Großmutter verschwand auch nur kurz aus dem Gesichtskreis des kleinen Jungen. Dann schrie er, dass es zu Herzen ging, rannte zur Tür und schlug hemmungslos darauf. Die Großmutter konnte keinen Schritt ohne ihn machen, sogar auf die Toilette begleitete er sie wie ein Schatten. Er musste sie sehen können, brauchte den Blickkontakt, musste sie berühren können und ihre Sprache hören – dann blieb er angstfrei. Den Großvater mochte er sichtlich auch gerne, aber ohne die Großmutter blieb er nicht bei ihm. Der Großvater war bislang noch eine untergeordnete Bindungsperson.

Aber warum konnte er die Großmutter akzeptieren wie seine Mutter? Nur weil eine Großmutter auch eine erfahrene Mutter und enge Vertraute der Mutter des Babys ist, ist sie nicht automatisch Bindungsperson für das Baby. Doch diese Großmutter hatte nicht nur längere Zeit mit dem Kind verbracht, sie war auch so feinfühlig wie die Mutter mit dem kleinen Jungen umgegangen, so dass er sich von Anfang an zwei Hauptbindungspersonen aussuchte. Was versteht man unter Feinfühligkeit?

Eine feinfühlige Bindungsperson kann die Signale des Kindes wahrnehmen. Sie interpretiert sie richtig und wird sie angemessen und sofort befriedigen. Hören wir ein fremdes Kind schreien, löst das Unterschiedliches in uns aus. Stellen wir uns vor, wir sitzen am Tisch eines Speiselokals und am Nebentisch ist ein Paar mit einem brüllenden Säugling, der sich nicht beruhigen lässt. Sein schrilles Schreien kann uns stören und quälen, sogar ärgern. In einer anderen Situation empfinden wir Mitleid mit dem wimmernden Säugling, der so sehr leidet. Müttern geht es genauso, sie empfinden Mitleid, aber auch Ärger. Nur hören sie noch genauer hin und empfinden sensibler. Eine feinfühlige Mutter kommuniziert mit ihrem kleinen Baby. Hat es Hunger oder Durst? Fühlt das Kind sich nicht wohl, weil es eingenässt oder eingekotet hat? Schreit das Kind, weil es müde ist, sich gestört fühlt oder wütend ist? Will es einfach Spannungen loswerden? Fürchtet es sich? Hat es Angst vor Trennung? Gleichzeitig beginnt ein sehr intensiver Dialog mit dem Kind. Die Mutter nimmt alle Gefühle ihres Kindes, die positiven wie die negativen, in sich auf und spiegelt sie dem Kind mittels ihrer Mimik, aber auch mit all ihren Lauten und Worten. Ganz unbewusst tun Mütter das in einer übertriebenen Weise, sie stellen die Stimmungen intensiver dar, als es das Kind getan hat, so dass der Säugling langsam erfährt, dass er nicht den inneren Zustand seiner Mutter gespiegelt bekommt, sondern den *eigenen*. Der Säugling wird sich so seiner eigenen Affekte bewusst, indem er die Reaktionen seiner Mutter auf sich wahrnimmt und lernt, sich auf diese Weise in ihr zu erkennen. Eine solche »mentale« Tätigkeit verbindet Gedanken miteinander, Gedanken mit Sprache sowie Gedanken und Sprache mit Handlungen. Mit ihr lernt ein Kind, eigene innere Zustände von denen anderer Menschen zu unterscheiden. Dadurch erfährt es, dass andere Menschen auch anders denken und handeln, dass sie ein ganz eigenes Seelenleben besitzen. Auf diese Weise entsteht die Grundlage von Einfühlung in den anderen Menschen, die wir auch Empathie nennen.

Wenn also eine Mutter ihrem Kind ungeteilte Aufmerksamkeit schenkt und seine Bedürfnisse stillt, dann wird sie es niemals verwöhnen, denn aufgrund ihrer eigenen Bedürfnisse wird es ohnehin notgedrungen zu angemessenen Frustrationen kommen. Im Gegenteil, sie fördert als feinfühlig-empathische Pflegeperson die Entwicklung einer sicheren Bindung zum Säugling. Schwirig wird es für das Kleinkind, wenn innerhalb der Interaktionen mit den Bezugspersonen seine Bedürfnisse nicht beantwortet werden oder wenn eine Mutter nicht nur die Affekte des Kinds spiegelt, sondern sie mit den eigenen Affekten überlagert, ihren aggressiven, ängstlichen oder depressiven. Dann ist im schlimmsten Fall später gar keine Bindung vorhanden oder lediglich eine unsichere. Diese wird auch dann entstehen, wenn die Bedürfnisse nicht ausreichend oder unbeständig befriedigt werden, also zwischen Überstimulation und frustrierender Versagung hin und her schwankend. Nach einem Jahr sind übrigens bis zu 65 Prozent aller Kinder sicher an die Mutter gebunden, 55 Prozent an den Vater. Für den Bindungsforscher Karl Heinz Brisch (2010) bedeutet sichere Bindung einen psychischen Schutz für die möglichen psychischen Widrigkeiten des Lebens. Sicher gebundene Kinder sind prosozialer, weniger aggressiv und vermögen Konflikte kreativ zu lösen. Vor allem haben sie ein besseres Einfühlungsvermögen. Sichere Bindung ist – gemäß Brisch (2010, S. 21f.) – ein emotionales Band, das uns mit unseren Bindungspersonen über Raum und Zeit verbindet. Wir sehnen uns nach den an uns gebundenen, geliebten Menschen. Trennung kann einen großen Schmerz verursachen, den wir zu vermeiden suchen, wann immer es geht. Den Trennungsschmerz kann nur die direkte Anwesenheit der Bindungsperson lindern, mit ihrer Stimme, ihrer körperlichen Nähe und ihrer Zuwendung. Je kleiner ein Kind ist, desto mehr braucht es davon, auch – wie vorher angesprochen – um seine Gefühle zu regulieren. Wir werden vom Kind dafür mit seinem Strahlen, seinem Lächeln, seiner Zufriedenheit und seinem Glück belohnt.

Ich vergesse nie, wie ich eines Morgens müde und verschlafen, noch nachtgewandet, zum gedeckten Frühstückstisch kam. Die Großmutter und mein zweijähriger Enkel Vincent saßen bereits dort. Als Vincent mich sah, hüpfte er in seinem Stühlchen, lachte über das ganze Gesicht und jauchzte: »Da kommt ja der Opa!« Ich wurde mit so viel Liebe und Herzlichkeit begrüßt, dass mich das zutiefst anrührte und ich es nie mehr vergessen kann.

Kinder mit einer *unsicher-vermeidenden* Bindung begrüßen die Bindungsperson nach einer Trennung nicht, sie geben vor, sie hätten die Trennung gar nicht wahrgenommen und mit ihr keine Probleme gehabt. Tatsächlich zeigen sie nur nicht nach außen, dass sie unter der Trennung gelitten haben, denn in Wirklichkeit ist der Stress in ihrem Inneren groß. Langfristig werden sie darum unter somatoformen oder psychosomatischen Körperstörungen leiden. Kinder mit einer *unsicher-ambivalenten* Bindung reagieren bei allen Trennungssituationen mit extensiver heftiger Angst und lautem Weinen. Sie lassen sich kaum beruhigen, das Kind klammert sich an die Mutter – und tritt sie möglicherweise gleichzeitig. Diese Kinder sind quengelig und anstrengend, und auch die Beziehung der Mutter zum Kind ist erkennbar ambivalent eingefärbt.

Bei unsicheren Bindungen kommt es zu einem anklammernden Verhalten. Dabei herrscht die ständige Sorge vor, enttäuscht, verletzt oder verlassen werden zu können. Die mit einer solchen zwiespältigen Beziehung verbundene Wut wird fast ständig unterdrückt. In Beziehungen mit anderen Personen können keine Gefühle von Sicherheit und Vertrautheit entwickelt werden. Vielmehr herrschen Gefühle von permanenter Anspannung, von Kummer und Sorge sowie das Bedürfnis, sich der ständigen emotionalen und oft auch physischen Nähe der Bindungspersonen versichern zu müssen, vor. Von dieser wird im Geheimen befürchtet, dass sie unzugänglich oder verständnislos ist.

Es ist unschwer zu erkennen, dass Angststörungen auf Störungen in der Bindungsentwicklung während der Kindheit zurückgeführt werden können. Vor allem die Behinderung der Entwicklung eines Kindes zur Selbstständigkeit wird zu einer ängstlichen Abhängigkeit führen.

Unsere Sehnsucht nach einer Bindungsperson, die Sicherheit und Schutz gewährt, bleibt während unseres gesamten Lebens erhalten. In Gefahrensituationen suchen wir ganz selbstverständlich die Nähe anderer Menschen und werden von frühen Bindungsbedürfnissen überwältigt.
Vor einiger Zeit saß ich im Flugzeug neben einer sehr selbstsicher

wirkenden jungen Frau, als durchgesagt wurde, das Flugzeug könne wegen eines Betriebsfehlers nicht starten. Mit einem Mal roch es stechend nach Kerosin. Meine Nachbarin wurde bleich, begann zu zittern und zu hyperventilieren. Es drohte eine Panikattacke. Sie wandte sich an mich und fragte, ob ich ihre Hand festhalten könne. Ich tat das unvermittelt und begann, ihr mit ruhiger Stimme von dem Kongress zu erzählen, von dem ich gerade kam und bei dem ich über Träume von Kindern referiert hatte. Die Panik der jungen Frau bildete sich erkennbar zurück, mittlerweile rollte auch das Flugzeug zur Startbahn. Die Frau war in die Todesängste ihrer frühen Kindheit regrediert, aber meine Berührung und mein Sprechen hatten mich in dieser Situation für sie zur »feinfühligen Bindungsperson« werden lassen, was ihre Ängste minderte.

Bindung, Erkundung der Welt und Autonomieentwicklung

Irgendwann im ersten Lebensjahr beginnt ein Kind, den Raum zu erobern. Es fängt an zu rutschen, zu krabbeln und schließlich läuft es. Das Erkundungsbedürfnis eines Kleinkindes steht mit dem Bindungsbedürfnis in direktem Zusammenhang. Es wird nur dann ausreichend aktiviert, wenn ein Kind sicher gebunden ist, ansonsten bleibt die Angst vor der Welt – zumindest teilweise – erhalten.

Es gibt viele Gründe, warum ein Kind seine Angst vor der großen Welt nicht überwinden kann. Der wohl häufigste beruht auf der Angst und Hilflosigkeit seiner Eltern. Selbst wenn alle Wohnräume noch so kindersicher gemacht werden und mehr einer Gummizelle ähneln als einem Salon, so gibt es immer noch viele gefährliche Gegenstände in der Reichweite des Kindes. Irgendwo steht ein scharfkantiger Couchtisch aus Glas, da ist eine interessante Vase und hier sind die wunderbaren Fernbedienungen, die sich so geräuschvoll auf den Boden knallen lassen. Wer bewegungsfreudige, raumergreifende Kinder erlebt hat, weiß, wie oft man als Erwachsener in permanente Anspannung, ja Erregung geraten kann. In ihrer Hilflosigkeit neigen Eltern dann zu unterschiedlichen Verhaltensweisen. Entweder reagieren sie mit aufgeregtem Brüllen und schreien immer wieder nur »nein, nein«! Mit solchen ständigen Verboten ist die Gefahr groß, ein Kind langfristig zu ängstigen, seine Neugier zu hemmen und sein erwachendes Selbstbewusstsein zu erschüttern. Eine andere mögliche Reaktion ist es, das Kind überzubehüten, aus ständiger Angst, es könne ihm etwas geschehen. Das kann die Autonomieentwicklung des Kindes bremsen, und es erwirbt keine ausreichende Sicherheit und kein Selbstvertrauen. Deshalb sollten Eltern ihren Kindern niemals alle Steine aus dem Weg räumen. Wenn Kinder sich nie anstrengen müssen, werden sie mit der Zeit schwerfällig und lustlos. Sie lernen nicht, sich durchzusetzen, und werden ängstlicher. Erst durch Entbehrung und Anstrengung werden Lust und Vergnügen überhaupt möglich. Freudiges Herumtollen ist immer sinnvoller, anstatt vor dem Computer zu sitzen oder Spiele auf dem Handy zu machen. Soziale Kontakte und spielerische Dialoge fördern zudem die Fähigkeit zu symbolischem Denken.

Kinder sind während ihrer Autonomieentwicklung völlig von ihrem eigenen Können und ihrer Größe überzeugt. Sie können reale Gefahren noch nicht einschätzen und wissen nicht, dass es empfindliche und wertvolle Dinge gibt, die zerstört werden können. Eltern müssen lernen, ihren Kindern die Möglichkeit zu geben, diese Erfahrungen selbst zu machen, auch wenn dabei mal etwas kaputt geht, und es schaffen, daraus resultierende eigene Spannungen zu ertragen.
Kinder lernen ebenfalls, Spannungen auszuhalten, indem sie zunehmend kleinere und größere Trennungen ertragen. Außerdem müssen sie sich an ihren Eltern »reiben« können, und sie müssen erfahren, dass sie widerspenstig und aggressiv sein dürfen. Sie müssen aber auch lernen, Veränderungen hinzunehmen, Unlust auszuhalten

sowie Befriedigungen aufzuschieben. Die folgende Überlegung der Kinderpsychoanalytikerin Françoise Dolto (1989) stellt ein hilfreiches Leitmotiv dar: »Bedürfnisse müssen befriedigt werden, aber über Wünsche sollte man sprechen.« Ich sehe die Gefahr, dass es heute gerade andersherum geschieht.

Es ist jedoch so, dass es ängstliche und depressive Eltern gibt, denen Gefahren immer als zu groß erscheinen und die negative Gefühle, wie etwa Aggression, nur schlecht ertragen können. Kinder mit Angststörungen haben häufig solche »Angstmütter«. In solchen Fällen besteht die Gefahr, dass die Kinder keine aggressive Ich-Durchsetzung erwerben können, denn wo Angst ist, kann Aggression nicht wirken. Sie können auch Ängste vor Liebesverlust entwickeln, und diese schränken den Wunsch nach Eroberung der äußeren Bereiche ein. Das Kind wagt dann weder eine Auseinandersetzung mit der Welt noch ein Liebesverhältnis mit ihr, weil es die Missbilligung seiner Eltern fürchtet. Nur das Zerstörerische von Aggression wird wahrgenommen, nicht ihr Potenzial zur Stärkung der Autonomie. Langfristig kann eine solche Situation zur Entwicklung von ängstlichen und depressiven Symptomen führen.

Fremdeln und Trennungsangst

Zum ersten Mal werden Eltern massiv mit den Ängsten ihres Kindes konfrontiert, wenn es zu fremdeln beginnt. Im Laufe seines bisherigen Lebens hat der Säugling gelernt, Gesichter immer besser zu erkennen. Etwa zwischen dem sechsten und dem achten Monat werden dem Kind die Unterschiede immer bewusster, es kann Gesichter auseinander halten und es beginnt zu »fremdeln«. Bis dahin hat es allen Menschen zugelächelt, hat sich vertrauensvoll von ihnen auf den Arm nehmen lassen und unbekümmert mit ihnen Kontakt aufgenommen. Jetzt fängt es an zu schreien, wenn sich ihm fremde Menschen nähern, und hört erst damit auf, wenn es das geliebte Gesicht seiner Mutter sieht, die vertraute Anwesenheit des Vaters und der Geschwister spürt. Manchen Müttern ist das Verhalten des Säuglings peinlich, wenn er beispielsweise die Oma, die er lange nicht gesehen hat, lautstark verschmäht. Dabei ist dieses Verhalten ein Teil der ganz normalen Entwicklung. Deshalb sollten sich Eltern auch nicht wegen dieser Missbilligung des Kindes gegenüber Fremden Ausreden suchen, sich entschuldigen oder gar versuchen, das Kind zu mehr Offenheit zu zwingen. Keineswegs ist das Fremdeln ein Zeichen dafür, dass das Kind abhängig oder verwöhnt ist, sondern dafür, dass es eine Bindung aufgebaut hat. Die Reaktion ist so heftig, weil das kleine Kind in diesem Moment fürchtet, dass es seine Mutter nie wieder sehen wird, ihre Abwesenheit endgültig ist. Sie bedeutet einen Fortschritt innerhalb der Entwicklung eines Säuglings: Jetzt kann er die Gesichter seiner Eltern erkennen und deutlich machen, dass er diese allen anderen Menschen vorzieht.

Eine *heftige* Fremdelreaktion ist allerdings nicht immer ein gutes Zeichen. Sie kann bereits auf eine einengende Beziehung der Mutter zu ihrem Kind hinweisen. Möglicherweise hat die Mutter selbst Ängste vor sozialen Kontakten und hat diese unbewusst an das Kind weitergegeben. Die mütterlichen Ängste müssen reflektiert werden, ansonsten wachsen Misstrauen und Ängste im Kind und seine Autonomieentwicklung kann gestört werden.

Bis zum sechsten Lebensmonat hat der Säugling »Getrenntsein« noch nicht ausreichend wahrgenommen. Danach beginnt er, diesen Zustand zu erkennen, doch es fehlen ihm noch die Möglichkeiten, sich selbst zu trösten. Etwa zwischen dem zehnten und dem zwölften Lebensmonat eines Kindes kommt es darum zu ersten Trennungsängsten.

Ein Beispiel: Der Großvater hat sein Enkelkind, ein 13 Monate altes Mädchen, auf dem Arm. Die Mutter – eindeutig die Hauptbindungsperson – verlässt kurz das Zimmer. Das kleine Mädchen beginnt laut zu schreien, in den schrillen Äußerungen sind Verzweiflung, Angst und Wut zu spüren. Das Mädchen ist nicht zu beruhigen, strampelt, schlägt um sich und weist alle Tröstungsversuche wütend zurück. Der Großvater ist hilflos. Die Mutter betritt wieder das Zimmer, schlagartig hört das Schreien auf und ein Lachen überstrahlt das kleine Gesichtchen. Angst und Wut sind wie weggeblasen.

In der Wahrnehmung des Kindes hängt sein Wohlbehagen von seiner ersten Bindungsperson, seiner geliebten Mutter, ab. Fremdeln und Trennungsangst sind zwei verschiedene Formen von Verletzlichkeiten in unterschiedlichen Entwicklungsphasen. Bowlby, der Vater der Bindungsforschung, sieht Furcht vor Fremden und Trennungsangst als verwandte, aber dennoch verschiedene Verhaltensweisen an. Den Unterschied sieht er darin, dass wir im ersten Fall vor einer Situation oder einem uns alarmierenden Objekt flüchten oder uns zurückziehen wollen, und im zweiten Fall versuchen, auf eine Person oder einen Ort, wo wir uns sicher fühlen, zuzugehen oder bei ihr bzw. an ihm zu bleiben. Die erste Verhaltensweise begleitet gewöhnlich eine Empfindung von Furcht oder Unruhe, die zweite entspräche dem Bindungsverhalten (vgl. Bowlby, 1975, S. 301).

Die von Bowlby geschilderte *reale Furcht* vor Fremden ist berechtigt und eine durchaus angemessene Reaktion. Anders verhält es sich jedoch mit irrationalen Ängsten vor Nähe oder mit pathologischen, ebenfalls irrationalen Vorurteilen und Fremdenhass, die weit über reale – eventuell begründbare – Befürchtungen hinausgehen. Menschen mit Fremdenhass neigen zu Spaltungen und Projektionen und sind gegen rationale Erklärungen und Überzeugungsversuche resistent. Ihre Fremdenfeindlichkeit ist der Ast, auf dem sie sitzen und deshalb lassen sie auch nicht daran sägen. Auf dieses Problem wurde bereits bei den Schulängsten eingegangen.

Dennoch haben Ängste vor fremden Menschen und Trennungsängste – wie bereits erwähnt – dieselbe Wurzel. Trennungsangst und soziale Ängstlichkeit zeigen *unterschiedliche Seiten derselben Medaille*. Fremdeln ist Objekt meidend und kann eine Wurzel für soziale Ängstlichkeit sein. Bei Trennungsangst klammert sich ein Kind dagegen an eine geliebte Bindungsperson und erlebt deren große Bedeutung für sein Wohlbefinden. Dies ist zuerst einmal normal, Trennungsängste können aber unbewältigt bleiben und sich später störend bemerkbar machen, wenn eine Mutter dem Kind die Welt nicht als ausreichend attraktiv vermitteln kann.

Inzwischen geht man davon aus, dass es zur Achtmonatsangst kommt, weil der Säugling abrupt Getrenntheit zu erleben vermag, aber noch nicht die Fähigkeit zur Generierung von inneren Bildern besitzt: Er hat keine *Repräsentanz* von der Mutter verinnerlicht, die er während ihrer Abwesenheit hervorholen könnte. Fachlich formuliert: Er besitzt noch keine *Objekt-*, aber auch keine *Selbstrepräsentanzen*. Der Säugling wird deshalb von archaischen Angstphantasien überflutet, die erst wieder verschwinden, wenn die Mutter real anwesend ist. Der Zustand von Hilflosigkeit ist für ihn unerträglich.

Sowohl das Fremdeln, die sogenannte Achtmonatsangst, als auch die Trennungsangst sind normale Meilensteine einer gesunden Entwicklung. Beide Angstformen bilden sich innerhalb der Entwicklung eines Kindes zurück, wenn das Kind auf Grund von zuverlässigen Eltern bestimmte Fähigkeiten erwirbt, die es selbstständig werden lassen.

Über normale und notwendige Trennungsängste und ihre Bewältigung

Im vorherigen Abschnitt bin ich darauf eingegangen, wie ein Kind eine sichere Bindung erwerben kann. Jetzt möchte ich aus psychoanalytischer Sicht der Frage nachgehen, wie es einem Kind im Laufe seiner Entwicklung überhaupt gelingen kann, Getrenntheit auszuhalten. Seine Unreife und Hilflosigkeit, so wurde bereits argumentiert, machen das Kleinkind außerordentlich abhängig von einer schützenden

Person. Ist die Mutter abwesend oder wird einem Kind Liebe entzogen, ist es starken Spannungsgefühlen ausgeliefert und gerät in Panik. Freud schrieb, dass diese Angstbedingungen »im Grunde die Situation der ursprünglichen Geburtsangst wiederholen, die ja auch eine Trennung von der Mutter bedeutete« (1933, S. 522). Todesangst und Trennungsangst sind darum auch die Mütter aller Ängste.

Diesen Gedanken hat der Psychoanalytiker Michael Balint aufgegriffen. Kleine Kinder können uns noch nichts mitteilen. Aber wir können intuitiv in uns wahrnehmen, wie sich ein Kind fühlen mag. Natürlich werden wir nur Phantasien darüber entwickeln, wie Ängste in einem Säugling entstehen und wie sie wahrgenommen werden, und wir können versuchen, ihre Wirkung aus klinischen Beobachtungen, später aus Phantasien und Träumen zu rekonstruieren. Dies ist umso schwieriger, je kleiner ein Kind ist. Balint geht davon aus, dass das Kind im Mutterleib mit seiner Umwelt noch harmonisch verschränkt ist und beide ineinander übergehen. Es existieren keine abgegrenzten Objekte – in der Psychoanalyse bekanntlich lebende Personen, die auf die Äußerungen des Subjekts eingehen –, sondern nur Substanz und Raum ohne Grenzen, das kleine Menschlein und seine Umwelt sind eins.

Die Geburt erzwingt schließlich eine radikale, ja brutale Trennung von Mensch und Umwelt. In der kalten, lauten Welt beginnt die vorherige paradiesische Harmonie mit dem Grenzenlosen zu zerbrechen (Balint, 1972, S. 82). Um die hieraus resultierenden archaischen Ängste abzuwehren, bieten sich zwei Wege an. Das Kind schafft sich entweder eine phantasierte Welt mit Sicherheit spendenden Objekten oder es erträumt sich eine Objekt meidende Welt mit weiten Räumen: Während sich der eine an von ihm unabhängige Objekte klammert, um mit seiner Angst vor dem Verlassenwerden fertigzuwerden, meidet der andere enge Bindungen und sucht die Distanz, um diese Ängste kontrollieren zu können. Beide verleugnen somit unangenehme Seiten der Wirklichkeit. Wir erkennen hier auch die Ursachen des Fremdelns und der Trennungsangst.

Die anklammernde Haltung liefert die Grundsubstanz für alle Trennungsängste und Angststörungen. Wer von Objekten abhängig bleibt und eine ambivalent-unsichere Bindung entwickelt, der ist auch immer argwöhnisch und misstrauisch. Seine Welt besteht aus festen Objekten, getrennt durch furchterregende Leerräume: Anklammerung ist somit sowohl ein Ausdruck von Angst, als auch von Anfang an der Versuch, Kontrolle zu erlangen. Das Subjekt »Kind« kann nie verlassen werden, wenn es sich untrennbar an das Objekt »Mutter« haftet und auf diese Weise in seiner Phantasie die gefährlichen Zwischenräume meidet. Im Laufe der weiteren Entwicklung beginnt das Kind, das mütterliche Objekt zu »verinnerlichen«, das Bild von ihr in sich aufzunehmen. Gelingt der Prozess der Verinnerlichung nicht, bleibt der kleinkindliche Zustand erhalten und es entwickeln sich Ängste. Damit können wir bereits die Bausteine vieler Angststörungen erkennen, die fast immer bei Kindern mit Trennungsängsten beobachtet werden können und die ich hier zusammenfassen möchte:

- *Das Verlangen nach einem Objekt, also einem menschlichen Wesen – in früher Kindheit sind es Mutter und Vater – ist absolut. Die elterlichen Objekte werden als vorhanden und willenlos phantasiert. Die leeren Räume, die Außenwelten, alle fremden Orte, werden gefürchtet, sie sind gefährlich. Kinder oder Erwachsene mit Angststörungen reagieren später genauso wie Säuglinge mit Trennungsängsten. Die Rolle der Eltern wird später von Beziehungspersonen übernommen, die als »steuernde Objekte« dienen.*
- *Es wird versucht, das Objekt durch Klammern zu beherrschen und dauerhaft zu kontrollieren. Die Mutter – später ein Partner – wird verfolgt und darf kein Eigenleben führen.*
- *Weil das kleine Kind vom mütterlichen Objekt abhängig ist und dieses lebenswichtig für es ist, wird es aber auch gehasst, verfolgt und attackiert. Ich habe das bereits im Zusammenhang*

mit unsicher-ambivalent gebundenen Kindern beschrieben. Der spätere Partner wird ebenso attackiert, vielleicht eifersüchtig kontrolliert.

Natürlich können wir nur vermuten, wie die Phantasien des Säuglings und in der frühen Kindheit aussehen. Aus ihren Verhaltensweisen und Reaktionen, aus Phantasien und Träumen können wir allerdings darauf schließen, dass es so oder so ähnlich sein muss.

Die große, gefährliche Welt macht Angst: Wiederannäherungsphase

Im Alter von etwa 18 Monaten beginnt nach Margaret Mahler, einer österreichisch-amerikanischen Psychoanalytikerin und Entwicklungsforscherin, die so genannte »Wiederannäherungsphase«. Der Säugling hatte begonnen die Welt zu erobern, sprechen und laufen gelernt und sich grandios und unabhängig gefühlt. In seinem Gefühlsüberschwang brauchte er seine Mutter scheinbar nicht mehr. Aber dabei überschätzt sich das Kind – denn die Welt ist viel größer und auch gefährlicher, als es das bislang wahrgenommen hatte. Das muss es jetzt – teilweise mit Erschrecken – feststellen.

In diesem Alter kann sich das Kind die Abwesenheit der Mutter bedingt vorstellen und muss sie nicht mehr verleugnen. Damit wird es sich aber auch bewusst, dass es zeitweise körperlich von ihr getrennt ist. Das Kind gerät jetzt in einen schweren Konflikt zwischen Selbständigkeit und der Wiedervereinigung mit der Mutter. Es kommt zu Zuständen schwerer Trennungsangst und regelrechtem »Beschatten« der Mutter.

Der Angst vor dem Verlust der Mutter und ihrer Liebe steht jedoch die Angst gegenüber, die kürzlich erst erworbene Autonomie wieder zu verlieren. Dies zeigt sich z. B. darin, dass das Kind davonläuft, mit dem Ziel, von der Mutter gejagt und anschließend in den Arm genommen zu werden. Das Kind möchte mit der Mutter wiedervereinigt werden, hat aber zugleich auch Angst davor, von ihr seelisch »verschlungen« zu werden. Diese ambivalente Einstellung schlägt sich während dieser Altersstufe auch in einer gesteigerten Aggression und einem Negativismus nieder. Das vorher zufriedene, ausgelassene und fröhliche Kind wirkt plötzlich gereizt und missmutig. Es hat bemerkt, dass seine eigenen Wünsche nicht automatisch mit denen der Mutter übereinstimmen, und verinnerlicht, dass sein Selbst von jenem der Mutter getrennt ist. Damit erlebt es den Wendepunkt, der als Wiederannäherungskrise bezeichnet wird. Nach dem 24. Monat kommt es verstärkt zu Loslösung und Individuation. Jetzt gelingt es dem Kind, die Abwesenheit der Mutter zu ertragen. Es besitzt im günstigen Fall Objektkonstanz mit stabilen innerseelischen bildlichen Vorstellungen des Selbst im Unterschied zu den Vorstellungen der Objektwelt. Kinder ab etwa anderthalb Jahren sind in der Lage, sich ein Objekt trotz seiner Abwesenheit bildhaft vorzustellen.

Objektkonstanz bezeichnet die Fähigkeit, eine dauerhafte Vorstellung vom Liebesobjekt über Trennungen und wechselnde Stimmungslagen sowie unterschiedliche Beziehungssituationen hinweg zu erhalten. Das Denken hat sich damit von der konkreten Wahrnehmung gelöst und ist zum freien Phantasieren geworden, das von der Realität unabhängig ist und sogar zu ihr in Gegensatz treten kann (vgl. Dornes, 1994, S. 193).

Innere Bilder von mir und meinen Bezugspersonen: Bildung von Selbst- und Objektrepräsentanzen

Stellen Sie sich einmal das Folgende vor: Sie befinden sich auf einem Klassentreffen und erkennen einige Mitschülerinnen und Mitschüler sofort wieder. Bei einigem Überlegen werden Sie feststellen, dass die

Wiedererkannten jene sind, die Sie sehr gemocht haben und erinnern vielleicht zärtliche Gefühle, aber auch die sehr unangenehmen Zeitgenossen, die Sie schon in der Vergangenheit nicht mochten. Eine langweilige Mitte erinnern Sie nicht mehr. Das sind mehr oder weniger deutliche Abbilder von Ihren Klassenkameraden in Ihrem Gedächtnis, auch *Repräsentanzen* genannt, die sich aus intensiven libidinösen (zärtlichen) oder aggressiven Affekten bilden.

In der alten Apotheke des Benediktinerklosters Neresheim habe ich ein Emblem entdeckt: Ein Vogel Strauß brütet seine Eier mit dem wärmenden Blick seiner Augen aus. Unabhängig von der theologischen Bedeutung ist dieses Emblem für mich ein wunderbares Symbol für eine Mutter, deren warmer Blick das Kind fördert, schützt und hält, bis es aus dem Ei, aus der symbiotischen Beziehung, schlüpfen kann und autonom werden darf. Eine Mutter, die im Winnicott'schen Sinn »gut genug«, feinfühlig und empathisch ist, wird ein Gleichgewicht zwischen Befriedigung und Frustration, zwischen Halten und Loslassen, zwischen Abhängigkeit und Autonomie herstellen. Dieses Kind saugt bald an Kissen und Daumen, gibt zu erkennen, dass es Erinnerungen aufbaut und ein persönliches Verhaltensmuster entwickelt, wahrscheinlich bilden sich jetzt erste Phantasien (Winnicott, 1994, S. 31). Das Kind beginnt, die Mutter zu verinnerlichen und wird in immer geringerem Maße von der realen Mutter abhängig. Die seelischen Niederschläge früher Objektbeziehungen wandeln sich zu Repräsentanzen. Aus den sich stetig vermehrenden Erinnerungsspuren lustvoller und unlustvoller Erlebnisse und aus den Wahrnehmungen, mit denen sie assoziativ verknüpft werden, erwachsen Bilder der Liebesobjekte wie auch des körperlichen und seelischen Selbst. Anfänglich vage und veränderlich, erweitern sie sich allmählich und entwickeln sich zu stabilen, mehr oder weniger realistischen innerseelischen Abbildern der Welt der Objekte und des eigenen Selbst. Wenn sich keine Repräsentanzen gebildet haben, kann sich ein Kind auch nicht vorstellen, dass die Mutter nur kurzzeitig abwesend ist und wiederkehrt.

Der sechsjährige Aaron kommt allein in die Praxis einer Kinder- und Jugendlichen-Psychotherapeutin, weil seine Mutter noch einen Parkplatz sucht. Als die Therapeutin das Wartezimmer betritt, weint der Junge bitterlich. Die besorgte Therapeutin fragt, was denn passiert sei. Aaron antwortet, er weine, weil er so alleine gewesen sei. Die Therapeutin will wissen, warum er denn nicht zu ihr gekommen sei, da meint Aaron: »Ich habe gedacht, du bist nicht da!«

Der Junge konnte sich offensichtlich weder die Präsenz seiner Mutter, die er noch wenige Minuten vorher gesehen hatte, noch die Anwesenheit der Therapeutin, die bislang immer in der Praxis war, vorstellen. Deshalb geriet er in eine heftige Trennungsangst. Wir können hier eine zentrale Gefahr innerhalb der Entwicklung von Kindern erkennen, die sich während eines psychoanalytischen Prozesses wiederholen kann: Zur Loslösung und zum Erreichen von Autonomie muss gutartige Aggression eingesetzt werden. Wenn Eltern aus verschiedenen Gründen Aggression und Weggang eines Kindes nicht ertragen, wird ein Kind nicht nur aggressive Affekte, sondern letztendlich *alle* Affekte verdrängen, weil es die Liebe seiner Eltern nicht verlieren will. Dann können sich auch keine Repräsentanzen bilden, weil diese aus Gefühlzuständen bestehen. Da diese Kinder auf die reale Nähe der Objekte angewiesen bleiben, entsteht auch keine ausreichende Symbolisierungsfähigkeit. Die aggressiven Affekte werden verdrängt, die entstehende Hilflosigkeit kann sich in ein Kontrollverhalten gegenüber den Bezugspersonen oder sadistische Wut, die sich jederzeit blitzartig entfalten kann, verwandeln.

Symbolisierung

Die Bildung von Repräsentanzen ist vielschichtig mit der Entstehung der Symbolisierungsfähigkeit verknüpft. Wenn ein Kind so weit ist, sich vorstellen zu können, dass die Mutter wiederkommt, wenn es tröstliche Phantasien entwickeln kann, erträgt es Trennungen von der Mutter immer besser. Symbolisierungsfähigkeit verschafft einem Kind die Möglichkeit, sich die Mutter zu phantasieren und Trennungen samt den dazugehörenden Unlustgefühlen auszuhalten. Dadurch lernt ein Kind auch, dass Bedürfnisse aufgeschoben werden können.

Sigmund Freud hatte einst beobachtet, wie sein Enkelkind Ernest eine Garnrolle über sein Bettchen warf, bis sie verschwand. Sein Tun begleitete er mit bedauerndem »o-o-o«. Er holte sie wieder zurück und begrüßte ihr Wiedererscheinen mit einem freudigen »Da«. Das Kind stellte Verschwinden und Wiederkommen der Mutter, also ein traumatisches Trennungserlebnis, aktiv wiederholend im Spiel dar. Die Fähigkeit, Getrenntheit mittels Erzeugung von inneren Bildern, Symbolen zu bewältigen, hatte Freuds Enkel – nicht zuletzt vor dem Hintergrund erlebter und ausgehaltener Frustrationen – offensichtlich bereits gut entwickelt. Die Fähigkeit zum Symbolisieren kann allerdings bereits während des Entstehens grundlegend gestört werden und dann defizitär bleiben.

Symbolisierungsfähigkeit setzt die Fähigkeit voraus, »Als-ob« denken zu können. Man kann sie testen, indem man einem Menschen einen Witz erzählt. Wird er »verstanden«, setzt impulsives Lachen ein. Das Lachen ist Ausdruck von Lust über die intellektuelle Leistung, den Zusammenhang, das Wortspiel, die unbewusste Bedeutung erfasst zu haben. Aus Freuds Buch über den Witz stammt der folgende Witz: Zwei Frauen unterhalten sich über eine entfernte Bekannte, die offensichtlich sehr vermögend ist. Sagt die erste: »Ich glaube, sie hat viel verdient und sich etwas zurückgelegt.« Meint die andere: »Es war ein klein wenig anders. Sie hat sich etwas zurückgelegt und viel verdient«.

Symbolisierungsstörungen lassen sich leicht im Alltag beobachten. Mit viel Lust und Freude dreht ein Lehrer mit seiner Theatergruppe einen Film über eine aufsässige Schulklasse und einen hilflosen Lehrer. Das Drehbuch hat die Gruppe miteinander verfasst, bereits das war ein kreatives Spielen mit vielen Einfällen, möglichen und unmöglichen

Szenen. Der Junge, der den Lehrer spielt, hat sich ganz in diesen und seine Ängste hineinversetzt. Er hat die Idee, dass der ängstliche Lehrer, ehe er das Klassenzimmer betritt, auf dem WC einen Schnaps trinkt. So wird das auch gedreht, und der Film wird dem Lehrerkollegium vorgeführt. Eine ältere Lehrerin zeigt sich in der anschließenden Diskussion höchst verärgert und verstimmt. Dieser Film dürfe auf keinen Fall in der Öffentlichkeit gezeigt werden, die Eltern könnten ja glauben, die Lehrer dieser Schule seien Alkoholiker. Der Hinweis, dass das Drehbuch und der Film doch von Schülern gestaltet seien, dass Theater lediglich eine »Als-ob-Realität« wiedergäbe, macht sie nur noch wütender.

Übrigens ist auch die Fähigkeit assoziieren zu können, ein Ergebnis von Symbolisierung. Dialogisches Spielen mit anderen Kindern, Streitgespräche, Lesen und Nachdenken sowie Aushalten von Frustrationen fördern die Symbolisierungsfähigkeit. Das Spiel mit dem Computer ist ein monologisches, und es erfüllt alle Größenphantasien eines Kindes – das Kind kann Menschen erschaffen, sie vernichten, es kann aufhören, wann es mag und muss kaum negative Gefühle aushalten. Dialoge, Rivalisieren, Auseinandersetzungen mit anderen Kindern sind dabei nicht nötig.

Der Computer hat in vielen Bereichen das Leben erleichtert, beispielsweise ist das Verfassen von Texten eine wunderbare Angelegenheit geworden. Jedes Medium hat seine Stärken und Schwächen, manche kognitiven Fähigkeiten werden von den Bildmaschinen verstärkt, gelegentlich auf Kosten von anderen. Der Computer vermittelt vielerlei Kompetenzen. Kinder und Jugendliche, die mit Computer und Internet aufgewachsen sind, können besser mit Bildern und Symbolen umgehen, können mittlerweile Dinge besser visualisieren und sich besser räumlich orientieren. Aber nur wer als Kind und Jugendlicher auch liest, entfaltet ein kreatives Potential. Verbale Rundumschläge hinsichtlich des Computers, mit Hinweisen auf eine kollektive Verdummung sind dennoch undifferenziert und wenig hilfreich. Es kommt auf *Inhalt und Dosis* an. Bekanntlich kann ein Mensch *alles* missbrauchen, er kann von allem abhängig werden und eine Sucht entwickeln. Hier ist die Entschiedenheit der Eltern zum energischen »Nein« gefragt. Aus neurophysiologischen wie aus psychologischen Gründen ist die Gefahr, computersüchtig zu werden, für Jungen übrigens größer als für Mädchen.

Das Übergangsobjekt

Fast alle Eltern erleben, dass ihre Kindern in den frühen Lebensjahren die seltsamsten Dinge mit herumtragen. Manchmal schmuddelig, manchmal zerstört oder »zerliebt«, gelegentlich ist noch zu erkennen, dass es einmal ein Fuchs oder ein Hase, ein Schäflein oder ein Bär gewesen sein muss. Gelegentlich sind es auch Tücher, Kissen oder löcherige Unterwäsche, von wem auch immer. Wichtig ist, dass diese Objekte niemals gereinigt werden dürfen, voller Gebrauchsspuren sein und stark riechen müssen. Sie sind ein »Riecht-wie-ich« und damit Bestandteil der kindlichen Persönlichkeit. Wacht eine etwas sauberkeitsbesessene Mutter über ihr Kind, wird sie es vielleicht immer wieder waschen – und damit zerstören. Der Psychoanalytiker Winnicott hat diesem eigenartigen Phänomen den Namen »Übergangsobjekt« gegeben (1973, S. 10). Es ist eine Zwischenstation auf dem Weg zu einer reifen Symbolisierung. Mit seinem Gebrauch macht das Kind eine wichtige Erfahrung. Das Übergangsobjekt gehört ihm ganz und gar. Mit dem Übergangsobjekt verwendet das Kind ein Objekt, das nicht Teil seines Körpers ist, jedoch auch nicht völlig zur Außenwelt gehört. Es stellt eine der ersten Symbolbildungen dar, mit deren Hilfe das Kind Angst und Spannungen, die beim Alleinsein entstehen, mildern kann. Denn es besitzt alle Funktionen, die sich ein Kind vom Objekt wünscht: Es ist immer da, hat keinen eigenen Willen und kann darum total beherrscht, geliebt – aber auch zerstört werden. Seinem Gebrauch werden wir auch in einigen Fallbeispielen wiederbegegnen.

Triangulierung

Während der bereits beschriebenen Wiederannäherungsphase beginnt das Kind, die besondere Beziehung des Vaters zur Mutter immer deutlicher wahrzunehmen. Jetzt befindet sich das Kind in einem Dilemma. Es möchte selbstständig werden, hat aber gleichzeitig Angst vor der großen Welt und möchte sich wieder mit der Mutter vereinigen. Nun tritt der Vater an die Seite des Kindes. Er fördert durch sein Anderssein die Erkundung der nichtmütterlichen Welt und unterstützt das Kind bei seinem Widerstand gegen den »Sog der Symbiose«. Der Vater – oder auch ein anderer Mann – wird durch sein anderes, bewegungsfreudiges Spielverhalten für das Kind als Dritter erkennbar. Es lernt, dass sich die Mutter im Spiel anpasst, der Vater jedoch – gemäß seiner Persönlichkeit – Anpassung einfordert.

Am Ende des zweiten Lebensjahres ist eine *Triangulierung* mit einer intensiven Einbeziehung des Vaters möglich. Mit Triangulierung ist allerdings nicht die soziale Dreierbeziehung, sondern die *innerseelische* Struktur des Kindes gemeint. Die endgültige Loslösung von der Mutter setzt jetzt ein. Sie ist allerdings entscheidend von der Fähigkeit einer Mutter abhängig, das Kind nicht als ihren alleinigen Besitz, nicht zum Vorzeigen und nicht als Mittel zur Beschwichtigung eigener Ängste vor dem Alleinsein zu betrachten. Der Psychoanalytiker Grieser meint, dass jede Triade auf einen Dritten bezogen sei, entweder »weil sie diesen Dritten wünscht und sucht oder gerade auch dadurch, dass sie ihn ablehnt und sich gegen ihn abschließt« (2011, S. 28). Zum Dritten kann der Vater werden, aber auch eine ersehnte oder verhasste Außenwelt.

Wir sind mittlerweile der Meinung, dass alle Beziehungen zwischen Vater, Mutter und Kind *von Beginn an* familiendynamisch verschränkt sind. Das Kind lernt den Vater über das innere Bild der Mutter von ihrem eigenen Vater kennen. Indem sie den Vater und sein Gesetz anerkennt, regelt sie den Zugang zur väterlichen Welt. Das väterliche

Gesetz wird von einem symbolischen Vater vertreten, der Grenzen, Regeln und Gesetze einfordert. Es ist letztendlich ein Gesetz, das unser Zusammenleben und die gesamte Kultur erst möglich macht.

Väter haben vielfältige Funktionen. Einige seien hier erwähnt, und es sind natürlich Idealvorstellungen (vgl. Hopf, 2014). In den meisten Familien sind Väter immer noch Hauptnährer und sorgen für die materiellen Grundlagen der Familie. Sie unterstützen aber auch ihre Partnerinnen und entlasten sie, damit diese ebenfalls wieder ihren Beruf ausüben können. Sie führen ihr Kind in die äußere Welt ein, begleiten den Sohn auf dem Weg in die Männerwelt und fördern seine Kompetenzen. Der Sohn braucht den Vater, gegebenenfalls andere Männer, um sich zu identifizieren und so eine männliche Identität zu erwerben. Nach Herzog beeinflusst der Vater durch seine Anwesenheit und sein Vorbild die Fähigkeit des Jungen, Affekte zu organisieren und zu modulieren. Jungen mit einem zugewandten Vater zeigen deshalb eine höhere Kompetenz im Umgang mit Triebimpulsen und Gefühlen als Kinder ohne Vater. Und schließlich ist der Vater – nach Diamond – ein »aufmerksamer Beschützer« und wirkt direkt auf die Gewissensbildung seiner Kinder ein. Was übrigens nicht heißt, dass die Mutter das meiste nicht ebenfalls erfüllen könnte. Aber alleinerziehend kann sie gelegentlich damit überfordert sein.

Angst und Aggression

Es besteht ein enger Zusammenhang zwischen Angst und Aggression. Nichts lässt Ängste rascher verschwinden als Wut über ihre Verursacher. Das quälende Angstgefühl schwindet, wenn aus dem passiven Zustand von Angst herausgefunden und zu einem Angriff übergegangen werden kann. Neben der Aufgabe, vor Gefahren zu warnen, haben Ängste nämlich noch eine weiterführende Funktion. Sie bewirken, dass wir uns der Gefahr stellen und kämpfen oder flüchten, wenn der Kampf ausweglos erscheint. Ist die Situation für uns zwiespältig, so können wir regelrecht erstarren.

Der sechsjährige Leon hat an seinem ersten Schultag große Angst. Er weint morgens heftig, weil er sich davor fürchtet, in die Schule zu gehen, und erst nach langem Überreden durch die Mutter ist er dazu bereit. In seiner Klasse angekommen, nimmt er höchst angriffslustigen Kontakt zur Lehrerin auf, indem er sie mit »Frau Beißzange« anredet. Diese ist reichlich empört und teilt das auch der konsternierten Mutter mit. Leon überwand seine Angst, indem er in aggressiver Weise versuchte, Beziehung aufzunehmen. In der Psychoanalyse nennen wir einen solchen Vorgang auch »Identifikation mit dem Aggressor«: Aus Furcht, angegriffen zu werden, griff Leon zuerst an.

Es ist erkennbar, dass Ängste und Aggressionen aus einem gemeinsamen Erregungspool stammen. Kleine Kinder können Angst und Aggression noch nicht unterscheiden, beide Affekte können noch lange ineinander übergehen. Wenn also Babys nach der Mutter schreien, vermischen sich so gut wie immer Angst und Wut.

Es ist wichtig, dass Kinder mit Hilfe ihrer Eltern lernen, Angst und Aggression, überhaupt alle Emotionen und Affekte, zu unterscheiden und zu benennen. Eine solche Verbalisierung von Affekten ist ein erster Schritt zu ihrer Bewältigung.

Die bedeutendsten Langzeituntersuchungen zur Aggression stammen von Henri Parens und seinen Mitarbeitern. Parens erkannte drei verschiedene Untergruppen von Aggressivität (2007, S. 241f.).

Nicht-destruktive Aggressivität
Parens fand bei Kindern unter sechs Monaten einen starken inneren Drang, das Umfeld zu erkunden und sich gegenüber der Umwelt zu behaupten. Diese nicht-zerstörerische Aggressivität zeigt sich schon wenige Wochen nach der Geburt. Andere Säuglingsforscher kamen zu

ähnlichen Schlüssen. Auch die Bindungstheorie, die zu Beginn dieses Abschnitts diskutiert wurde, geht von einem biologisch angelegten Erkundungsbedürfnis aus. Diese gutartige Aggression braucht jeder Mensch, um sich aus engen Beziehungen lösen zu können, um sich überhaupt trennen zu können. Er braucht sie, um sich durchzusetzen, um zu rivalisieren, er braucht sie generell, um sich von Ängsten zu befreien.

Nicht-affektive Aggressivität
Wenige Stunden nach der Geburt können bereits Verhaltensmanifestationen einer nicht-affektiven Destruktivität beobachtet werden, deren Prototyp das Saugen und die Nahrungsaufnahme darstellen. Es gibt also eine Aggression, die in sich destruktiv, aber nicht feindselig ist. Parens erwähnt hier die Zerstörung lebender Struktur im Dienste der Selbsterhaltung, vereinfacht gesagt, wenn etwas Pflanzliches oder Tierisches gegessen wird. Vermutlich müssen wir hinnehmen, dass wir zerstören müssen, um selbst zu überleben.

Feindselige Destruktivität (Zerstörung)
Die Wutreaktion in der frühesten Kindheit ist die primitivste Form feindseliger Destruktivität und lässt sich bereits bei Neugeborenen beobachten. Dagegen besteht der Wunsch, einem anderen Objekt Schmerz zuzufügen oder es zu zerstören, nicht von Geburt an, sondern tritt nach Parens' Beobachtungen etwa ab dem neunten Lebensmonat auf.

Parens formulierte hieraus die Hypothese: Der Ausdruck von Feindseligkeit ist ein angeborener Mechanismus. Feindselige Destruktivität entsteht jedoch nicht spontan. Sie wird nur dann aktiviert, wenn außerordentliche Unlust vorhanden ist. Zu feindseliger Zerstörung muss es also nicht unbedingt kommen. Oft genügt es, vorher die exzessive Unlust zu beseitigen.

übermäßige Unlust → *feindselige Destruktivität*

Parens' Schlussfolgerung für die Pädagogik lautet daher: Je besser Kinder vor Erfahrungen von übermäßiger Unlust geschützt werden, desto weniger wird in ihnen eine feindselige Destruktivität erzeugt. Somit wird deutlich, dass das Maß und die Intensität der feindseligen Destruktivität, die sich in Kindern entwickelt, beeinflusst werden kann (Parens, 2007, S. 248). Gutartige Aggression, also Durchsetzungsvermögen, ist letztendlich überlebenswichtig. Destruktivität, also Zerstörung, suchen wir zu vermeiden. Gemäß Parens' Hypothese sollten wir Kinder rechtzeitig vor gefährlichen Einflüssen schützen, damit es nicht reaktiv zu Wut und Zerstörung kommen muss.

Aggression und Loslösung

Um sich abzulösen, sich von den Eltern zu trennen, ist immer gutartige Aggression oder – nach Parens – nicht-destruktive Aggressivität erforderlich. Kinder mit Trennungsängsten wirken in der Regel vordergründig sehr angepasst, manche sogar unterwürfig und suchen harmonische Beziehungen. Innerhalb einer Therapie versuchen sie anfänglich unentwegt, diese harmonische und aggressionsfreie Situation zu wiederholen, was in der Wahrnehmung des Therapeuten gewöhnlich Tendenzen auslöst, ein hilfloses Kind beschützen zu wollen. Doch sind die Aggressionen nicht ganz unsichtbar. Sie tauchen beispielsweise über unbewusste Manifestationen auf, etwa in Träumen und Angstphantasien. Diese Kinder argwöhnen ständig, dass Einbrecher kämen, sie befürchten schreckliche Erkrankungen oder Katastrophen. Sie glauben, den Eltern könnte etwas geschehen oder diese könnten gar sterben, wenn sie unterwegs sind. Immer wieder ist noch etwas anderes zu beobachten: Nicht selten werden die Mütter für die unerklärlichen Missempfindungen verantwortlich gemacht, und die Kinder schwanken ihnen gegenüber zwischen Gefühlen hilfloser Anklammerung und ohnmächtiger Wut.

Wenn Eltern immer nur sanft und nachgiebig mit ihrem Kind umgehen, entsteht zudem eine aggressionsmeidende Atmosphäre. Das Kind traut sich dann nicht, Gefühle von Missmut, Unzufriedenheit und Unlust zu äußern. Aggressionen eines Kindes, die zur aggressiven Durchsetzung und Loslösung benötigt werden, sind etwas Natürliches und Notwendiges. Diesen selbstverständlichen und angstfreien Umgang mit Aggressionen schaffen ängstliche und depressive Eltern nur schwer, so dass ein Kind gezwungen sein kann, Loslösung und Selbstbehauptung gänzlich zu meiden. Das Ich des trennungsängstlichen Kindes befindet sich in einem ständigen Spannungsfeld zwischen symbiotischen Wünschen, mit der Mutter verschmelzen zu wollen, und den gegensätzlichen Strebungen nach Loslösung und Individuation. Damit dieses Gleichgewicht erhalten bleibt, müssen Wünsche nach Verselbstständigung verdrängt werden.

Kinder mit Ängsten fürchten unbewusst, die Beziehungspersonen mit ihren Aggressionen zu zerstören. Sie glauben, dass Trennung dem Tod gleichzusetzen ist, und aus Aggression wird Zerstörung. Wenn jedoch fortwährend Ängste vor Verlust und Ängste vor Liebesverlust bestehen, müssen aggressive Tendenzen unterdrückt werden. Ein Kind wird ganz sicher keine Probleme entwickeln, weil es zu sehr geliebt wurde. Dies gilt allerdings nur, wenn Liebe immer vorrangig den anderen Menschen meint, nicht die eigenen narzisstischen Bedürfnisse. Ist die Paarbeziehung der Eltern nicht befriedigend, so ist die Gefahr groß, dass Mutter und Kind ein symbiotisches Paar werden, das sich wortlos und vordergründig aggressionsfrei versteht. Das Kind wird zur Bezugsperson und zum Partner der Mutter. Der Vater als Dritter bleibt oder wird ausgeschlossen. Diese Konstellation ist bei fast allen Angststörungen die Regel.

Letztendlich bleibt das Kind in der Wiederannäherungsphase fixiert. Eine Pattsituation ist entstanden. Darin liegt eine entscheidende Wurzel für die starken archaischen Wut- und Hassgefühle der Patienten, oft gepaart mit depressiven Affekten und Gefühlen von Neid.

Es scheint in der heutigen Erziehung generell eine Gefahr zu sein, dass unangenehme Emotionen verleugnet und vermieden werden, und das von früh an. Nach Rainer Krause dürfen Kinder in heutigen Zeiten nur positive Emotionen zeigen, weil Eltern negative Affekte wie Ärger, Wut, Missstimmungen etc. nur schwer ertragen. Eine kleine Szene, wie sie so oder ähnlich häufig vorkommt: Frühstück in einem Hotel, eine junge Familie sitzt an einem Tisch. Zwei etwa zwei- und vierjährige Jungen beginnen zu balgen, der Kleine fängt an mörderisch zu brüllen. Der Vater wirft einen kurzen strengen Blick auf die beiden, dann baut er kommentarlos sein Handy zu einem kleinen Fernseher um, auf dem Trickfilme ablaufen. Die beiden schauen gebannt auf den Bildschirm – sie sind ruhig gestellt, nichts interessiert sie mehr, weder Frühstück noch das Treiben im Hotel.

Krause sieht eine solch rasche »Sedierung« unangenehmer Affekte als eine entscheidende Ursache vieler Störungen, von Schulunlust angefangen bis zu drohendem Suchtverhalten. Die generelle Neigung zu Aufmerksamkeitsdefiziten hat hier ebenfalls ihre Wurzeln. Der Philosoph Christoph Türcke spricht sogar von einer »Gesellschaft des Spektakels«. Er geht davon aus, dass die Aufmerksamkeit aller Menschen durch ein Trommelfeuer der Bildmaschinen absorbiert und zermürbt wird (vgl. Hopf, 2014). Ich will den Abschnitt über aggressive Meidungen mit einem Fallbeispiel abschließen.

Ein elfjähriges Mädchen entwickelt massive Trennungsängste, als sich seine Eltern trennen, es hat morgens Bauchschmerzen und möchte nicht zur Schule. Eine Therapie wird begonnen, die nach einem Jahr zum Verschwinden der meisten Symptome führt. Die Therapeutin würde die Behandlung gerne fortführen, weil sie erkennt, dass zwar die vordergründigen Symptome verschwunden sind, die zentralen Konflikte jedoch weiterhin im Unbewussten schwelen. Als sie der Mutter ihre Einschätzung mitteilt, wird diese sehr böse und meint, die Therapeutin müsste ihre Tochter ja wohl nicht bis in alle Ecken analysieren. Ein solcher Ärger in Verbindung mit Hassgefühlen kann immer bei einem der symbiotischen Partner auftreten, wenn eine Therapeutin als »Dritte« wirksam wird und eine bestehende Symbiose auflösen möchte. Hiervon fühlte sich die Mutter offenbar bedroht. Nach einigen Monaten meldet sich die Mutter voller Schuldgefühle wieder. Ihre Tochter habe auf Trennungssituationen mit Hyperventilationen, gelegentlich sogar mit Panikattacken reagiert. Auch schlafe die Tochter wieder jede Nacht im Bett der Mutter, obwohl das doch bereits überwunden gewesen sei. Es stellt sich heraus, dass die Mutter mittlerweile einen neuen Mann gefunden hat. Die Tochter versucht, das mit aller Gewalt zu verhindern, obwohl sie ihn vordergründig sehr gern hat. Auch dieser bemüht sich sehr um die Zuneigung des Mädchens. Dennoch schläft die Tochter weiterhin mit der Mutter im Ehebett, auch wenn der Freund anwesend ist. Die Mutter hat Angst, nein zu sagen, obwohl sie zunehmend in einem Loyalitätskonflikt zwischen Freund und Tochter gerät. Sie fürchtet, der neue Freund könnte sie deswegen wieder verlassen, und dennoch vermeidet sie die Auseinandersetzung mit der Tochter. Sie fürchtet aggressive, wütende Auseinandersetzungen mit ihr, hat Angst, ihre Liebe zu verlieren. So kommt es zu der grotesken Situation, dass der neue Partner im Kinderzimmer schläft und die Elfjährige im Bett der Mutter. Die Tochter wünscht sich auch weiterhin Regression, die Symbiose mit der Mutter, den Stillstand – all das erkauft sie sich mit schweren Ängsten. Die Mutter wünscht Progression und Fortschritt, einen Freund für sich, eine väterliche Bezugsperson für die Tochter. Aber nichts davon kann sie durchsetzen…

Eine Idealvorstellung

Trennungsängste sind für einen Säugling, der völlig von seiner Mutter abhängig ist, überlebenswichtig. Es sind reale Ängste, durch die Trennung von der Mutter ausgelöst, deren Fürsorgeverhalten er mit seinem Schreien mobilisiert. Trennungsängste sind bei größeren Vorschulkindern nicht mehr angemessen. Sie sind in diesem Alter keine der Situation angepassten realen Ängste mehr, sondern Ausdruck von inneren Konflikten. Eine Angst*störung* ist entstanden.

In den vorherigen Abschnitten wurde deutlich, wie sich die einst notwendigen Trennungsängste auflösen können. In meiner folgenden Zusammenfassung werde ich eine ideale Situation konstruieren, wie sie so nie im realen Leben vorkommt – deshalb bleiben wir alle mehr oder weniger trennungsempfindlich.

Das Kind braucht ein Elternpaar, das einander zugewandt ist, im besten Fall sich liebt. Es ist klar, dass ständig streitende Eltern keinen Schutz gewähren und keine Sicherheit vermitteln. Aber auch ein Paar, das sich immer wieder trennen möchte, wird nicht dazu beitragen, dass Trennungsängste vergehen. Die Mutter soll ihr Kind lieben, aber immer auch Distanz wahren. Ihr Partner ist der Ehemann oder Lebensgefährte, der auch bald nach der Geburt wieder eine sexuelle Beziehung zu ihr aufnimmt. Der Vater trägt seinen Anteil zum ausgewogenen Beziehungsdreieck bei, indem er immer psychisch präsent ist. Dann wird keine Mutter-Kind-Dyade entstehen, weil der Vater triangulierend wirkt.

Ist die Mutter feinfühlig und zuverlässig, erfährt das Kind notwendigen Schutz und Sicherheit, so wird es bald sicher gebunden sein. Eine Mutter und ein Vater, welche die Bedürfnisse ihres Kindes empathisch erfassen, werden auch seinen weiteren Weg fördern. Sie werden sich über seine Welterkundung freuen, auch wenn es eine anstrengende Zeit wird. Dabei werden Eltern ihrem Kind vermitteln, dass es auch einmal Unmut zeigen darf, wie sie selbst, und dass Ärger, Wut und Aggression Gefühle sind, die zu unserem Leben gehören, dass es keineswegs schlecht oder böse ist, wenn ein Kind solche Gefühle hat und zeigt. Dann wird sich das Kind von seinen Eltern lösen und ganz mutig die Welt erobern. Es wird bei Trennungen angemessen traurig sein, und es wird gelegentlich Heimweh haben. Aber es wird keine Trennungsängste haben, sondern sich auf seine Zukunft freuen.

Wie bereits gesagt, sind das Idealvorstellungen, weil nicht alles voraussehbar und planbar ist. Immer kann es Lebensereignisse geben, die uns belasten, auch traumatisierende Geschehnisse, die uns schädigen. Darum bleibt die Trennungsangst in mehr oder weniger starker Ausprägung bei jedem Menschen ein lebenslanger Begleiter. Denn Störendes und Normales sind lediglich unterschiedliche Ausprägungen und liegen auf einer Linie.

Notwendige Trennungen

Krankenhaus
Noch vor vierzig Jahren konnten Eltern ihre Kinder noch nicht selbstverständlich in das Krankenhaus begleiten, und waren diese auch noch so klein. So konnte es, beispielsweise bei infektiösen Erkrankungen, zu extrem langen Trennungszeiten kommen, in denen Eltern ihre Kinder nur durch ein Glasfenster sehen konnten, nicht selten fand ein völliger Kontaktabbruch statt. Reinmar Du Bois hat beschrieben, was geschehen kann, wenn Kinder über längere Zeit von ihrer Bindungsperson getrennt werden:

> Am Anfang protestieren die Kinder gegen die Trennung. Sie denken, die vermisste Person könnte jeden Augenblick zu ihnen zurückkommen. Sie sind wütend auf sie. Später werden die Kinder still, freudlos und matt. Sie wehren sich nicht mehr gegen Zuwendung durch Fremde. Sie können sich die Rückkehr der vermissten Situation nicht mehr vorstellen. Die vermisste Person wird bei ihrer Rückkehr zunächst wie fremd behandelt. (2007, S. 88)

Der Psychoanalytiker René A. Spitz hat solche Entwicklungsverläufe bei Kleinkindern in einem Heim beobachtet und die Entstehung von *anaklitischen Depressionen* beschrieben. Aufnahmen von Kindern, die über lange Zeit von den Eltern getrennt waren, zeigen, wie diese mit toten Augen vor sich hin starren, die Gesichter eingefroren, sie scheinen völlig apathisch zu sein.

Glücklicherweise sind die Verhältnisse nicht mehr so. Die Versorgung der Kinder in den Kliniken der Bundesrepublik wurde in den vergangenen Jahrzehnten entscheidend verbessert. Grund dafür waren Beobachtungen und Erfahrungen vor allem von James Robertson, seiner Frau Joyce und einer Gruppe weiterer englischer Psychoanalytikerinnen und Psychoanalytiker: Bei sehr vielen Kindern waren auf Grund der durch den Krankenhausaufenthalt erzwungenen Trennung Störungen in der Entwicklung ihrer Persönlichkeit festgestellt worden. Fast alle litten im Anschluss an einen längeren Krankenhausaufenthalt an Angstzuständen, Kontaktstörungen, Ess- und Schlafstörungen, Konzentrationsschwierigkeiten in der Schule und vielem mehr. Das Folgende wurde eingefordert und auch umgesetzt (Hopf, 2007, S. 131). Hierauf haben Eltern heute ein Recht, auch wenn dies leider nicht in allen Krankenhäusern umgesetzt wird:

– *Für alle Kinder bis zu sechzehn Jahren sollte die Besuchszeit uneingeschränkt sein, das heißt, dass die Eltern ihr Kind zu jeder Zeit besuchen dürfen, zu der man annehmen kann, dass es wach ist.*
– *Für Mütter von Kleinkindern unter fünf Jahren sollte die Möglichkeit geschaffen werden, mit ihrem Kind im Krankenhaus zu bleiben, um bei seiner Pflege behilflich zu sein und die Verzweiflung und die Gefahren für die seelische Gesundheit zu verringern, die durch eine Trennung von der Mutter entstehen.*

Kindertagesstätten
Dieses Buch ist zwar nicht der Ort, hierüber ausführlich zu diskutieren, aber einige Überlegungen sind auch im Zusammenhang mit Trennung und möglichen Schädigungen erforderlich. Um die Gleichberechtigung von Frauen zu fördern, um ihnen Beruf und Karrie-

re zu ermöglichen, sollen für alle Kinder ab dem 13. Lebensmonat Kinderkrippen zur Verfügung gestellt werden. Diese Einrichtungen sollen vor allem Alleinerziehende unterstützen, die auf außerfamiliäre Betreuung angewiesen sind, jedoch auch alle Mütter, die arbeiten wollen oder müssen, aber auch Mütter, die kurzzeitig oder langfristig mit der häuslichen Versorgung überfordert sind. Kinder brauchen außerfamiliäre Betreuung, die Eroberung der Außenwelten gehört zu ihrer Entwicklung. Fremdbetreuung, Tagesmütter und Kinderkrippen entlasten die Eltern und eine Vielfalt an Beziehungen fördert auch die Identitätsentwicklung eines Kindes. Hierbei müssen allerdings auch die Bindungsbedürfnisse des Kindes berücksichtigt werden, denn deren Missachtung kann zu erheblichen Problemen führen. Es muss also vorrangig um die Frage gehen, wie Mütterlichkeit und Erwerbstätigkeit vereinbart werden können, ohne einem Kind zu schaden.

Es ist wichtig, dass der Säugling von Anfang an auch weitere Bindungspersonen hat, die einspringen können, wenn Mutter oder Vater ausfallen, die aber auch kurzfristig als Babysitter zur Verfügung stehen: Ein Kind kann sowohl zu einer Tagesmutter wie auch zu einer Erzieherin in der Krippe eine sichere Bindungsbeziehung aufbauen.

Horst Eberhard Richter schreibt: »Zahlreiche ganztags zuhause lebende Kinder werden durch neurotische, reizbare Mütter stärker belastet als in der Gemeinschaftsbetreuung durch gut geschulte Erzieherinnen« (2010, S. 166). Ich gebe Richter rundum Recht, genauso zutreffend ist aber auch: Zahlreiche Kinder in Kinderkrippen mit schlechter Ausstattung, zu großen Gruppen und kaum ausgebildeten Erzieherinnen sind stärker belastet, als im Zusammenleben mit Müttern, die gerne eine längere Zeit mit ihren Kindern verbringen möchten. In jedem Fall sollten vor allem Mütter in ihrer Familie darüber entscheiden dürfen, wie viel sie arbeiten und wie viel Zeit sie mit ihren Kindern verbringen wollen, ohne für das eine oder das andere diskriminiert zu werden – denn sie werden *immer* die Hauptlast tragen. Kinderkrippe ja oder nein muss die private Entscheidung eines

Elternpaars für ihr Kind bleiben, die weder von feministischen oder konservativen Dogmen noch von anderen politischen Vorstellungen beeinflusst werden sollte.

Die Deutsche Psychoanalytische Vereinigung hat diskutiert, ob nicht eine Art »Krippenreife« analog zur Schulreife eingeführt werden sollte, um negativen Entwicklungen vorzubeugen. Denn nicht alle Kinder sind sicher gebunden. Wenn sie in die Krippe kommen, haben sie bereits unterschiedliche Entwicklungswege zurückgelegt. Allgemein gilt:

Je jünger das Kind,
je geringer sein Sprach- und Zeitverständnis,
je kürzer die Eingewöhnungszeit in Begleitung der Eltern,
je länger der tägliche Aufenthalt in der Krippe,
je größer die Krippengruppe,
je wechselhafter die Betreuungen,
umso ernsthafter ist die mögliche Gefährdung seiner psychischen Gesundheit (DPV, 2008).

Demzufolge könnte der Eindruck einstehen, sicher gebundene Kinder seien vor negativen Entwicklungen während eines Krippenaufenthaltes gefeit. Doch dem ist nicht immer so.

Ein Elternpaar wird an einer psychologischen Beratungsstelle vorstellig. Sie seien in die Kita zum Gespräch geladen worden, weil ihr Sohn dort kaum noch tragbar sei. Er beiße andere Kinder bis sie bluteten, zerstöre Spielzeug und mache kaputt, was andere Kinder gemalt oder gebastelt hätten. Die Eltern sind bestürzt. Vor allem die Mutter ist entsetzt. War ihr Baby doch immer so lieb gewesen. Sie habe einen engen und innigen Kontakt zu ihrem Sohn gehabt, jede freie Minute mit ihm verbracht, mit ihm gespielt und gekuschelt. Nach dem Mutterschutz habe sie jedoch ihre freigehaltene Stelle als Bibliothekarin antreten müssen, so habe man das Kind mit 12 Monaten für 8-9 Stunden täglich in einer Kindertagesstätte untergebracht. Die Eingewöhnungszeit sei in der Tat kurz gewesen, weil die Familie unter Druck stand. Aber der Junge sei ja so lieb und freundlich gewesen und habe keinerlei Trennungsschmerz gezeigt. Auch zu Hause sei er nicht aufgefallen, so dass sie über die jetzigen Mitteilungen der Erzieherinnen fassungslos seien. Das könne doch nicht sein, das sei doch nicht ihr Kind, das immer so gut behandelt worden sei.

Es ist zu vermuten, dass der Junge, der so eng an die Mutter gebunden und auf sie fixiert war, ein besonders intensives Trennungstrauma erlitt. Die Wut über die plötzliche Trennung von der Mutter, die Angst, den Trennungsschmerz, all das verleugnete und verdrängte er anfangs. Jetzt, nach über einem Jahr, kommt es zu Durchbrüchen von sadistischer Destruktivität. Sie sind die Folge der erfahrenen Kränkungen und Enttäuschungen: Die Mutter hat ihn abrupt verlassen, das konnte er nicht begreifen und verarbeiten.

Ich bin mit Brisch (2010, S. 38) einer Meinung, der betont, dass für eine gesunde Bindungsentwicklung des Kindes eine hohe Qualität der Fremdbetreuung erforderlich ist. Hierzu gehört unbedingt eine behutsame und individuelle Eingewöhnung eines Kindes, denn jedes Kind hat sein eigenes Eingewöhnungs- und Kennenlerntempo. Alle Reaktionen sollten beobachtet werden. Ein Kind, das sich ohne äußere Verhaltensmerkmale einfach in sein Schicksal fügt, ist nicht unbedingt sicher gebunden, denn genauso verhalten sich unsicher-vermeidend gebundene Kinder.

Eine wichtige Feststellung ist noch zu treffen. Jungen profitieren von der Kinderkrippe weniger als Mädchen, darauf deuten alle nationalen und internationalen Analysen hin. Sichere Bindungsbeziehungen der Erzieherinnen zu Mädchen traten weltweit häufiger auf als zu Jungen. Ich muss hier ausschließlich von Erzieherinnen sprechen, denn die Anzahl von Männern in der Krippenerziehung liegt unter einem Prozent. Das Verhalten der Jungen, also Bewegungsfreude, Balgen und Dominanzverhalten, veranlasst viele Erzieherinnen zum frühzeitigen Intervenieren und Reglementieren, was Jungen als Zurückweisung erleben. Tragischerweise treffen Jungen auch im Kindergarten und später in der Schule kaum auf Männer, die einerseits das explorierende und rivalisierende Verhalten der Jungen besser fördern, sie andererseits aber auch deutlich begrenzen können. Alle bisherigen Studien machen deutlich, wie wichtig Kenntnisse über Geschlechterdifferenzen bei Erzieherinnen sind und wie notwendig es für Jungen *und* Mädchen ist, dass künftig mehr Männer in der Früherziehung mitwirken (vgl. Ahnert, 2011). Meine persönliche Idealvorstellung ist es, dass ein Kind bis zu seinem dritten Lebensjahr von einer Hauptbindungsperson, Mutter oder Vater, betreut wird und nur wenige Stunden in der Woche in einer Kita; danach kann die außerfamiliäre Betreuung eine immer größere Rolle einnehmen. Dies ergibt sich aus meiner Lebenserfahrung als Psychoanalytiker, weil Kinder ab dem dritten Lebensjahr in der Regel sicher gebunden sind und jetzt Objektkonstanz besitzen (vgl. Heineman Pieper; Pieper, 2010, S. 133).

Noch ein abschließender Gedanke zur flächendeckenden Einführung von Kinderkrippen: Elternzeit, Erziehungsgeld und anschließende Kinderkrippe sind zur Selbstverständlichkeit geworden, über Alternativen wird kaum noch nachgedacht. Ich gehe davon aus, dass damit auch ein deutlicher Wandel der Kleinkinderziehung einhergehen wird. Wir wissen noch nicht, welche Auswirkungen, dies auf die künftige Gesellschaft haben wird. Durchaus positive sind möglich. Denkbar ist aber auch, dass die »Durchökonomisierung aller Gesellschaftsmitglieder« auch traumatisierende Fixierungen, besonders im Kleinstkind- und Kleinkindalter, verursachen könnte (mündliche Mitteilung: Roland Apsel). Kleinkindforscher aller Art, Kinderpsychoanalytiker, vor allem aber die Eltern sollten fortan die Entwicklung von Kindern besonders aufmerksam beobachten.

Wenn ich auf meine 40-jährige kinderpsychoanalytische Arbeit zurückschaue, so kann ich bei der Entwicklung von Angststörungen zwei unterschiedliche Ursachen in der frühen Kindheit erkennen. In vielen Fällen war die triadische Entwicklung – oder Triangulierung – gescheitert, und es ist zu einer klammernden, unsicher-ambivalenten Bindung an die Mutter gekommen. In anderen Fällen waren die Kinder häufigen Wechseln von Bezugspersonen ausgesetzt, zahlreichen Trennungen und Ortswechseln. Man könnte also vereinfacht sagen, dass es im ersten Fall zu viel, im zweiten Fall zu wenig Mutter gab.

Der Kinderpsychoanalytiker Frank Dammasch hat in einem Buchbeitrag die Behandlung eines achtjährigen Mädchens mit einer Schulphobie beschrieben (2013). Sofie ist ein begabtes, sozial kompetentes, vielseitiges Mädchen, das immer zu den Klassenbesten gehörte. Sie ist die Tochter eines modernen bildungsorientierten, gleichberechtigten Ehepaars aus der Oberschicht. Ihre jetzige Angst und ihre Desorientierung formuliert Sofie so: Sie befürchte, die Orientierung zu verlieren, weder den Eingang zur Schule zu finden noch nach Hause zurückzufinden. Es stellt sich heraus, dass die Mutter nach der Geburt lediglich kurzzeitig weniger arbeitete. Mit sechs Monaten kommt Sofie zu einer Tagesmutter, mit 18 Monaten besucht sie eine Krabbelgruppe. Sie kann bald laufen, sprechen, entwickelt beste Ich-Fähigkeiten und wird Klassenbeste. Zum Entsetzen der Eltern kommt es dann im achten Lebensjahr zu dem zuvor beschriebenen Angsteinbruch bei dem Mädchen.

Dammasch schreibt, dass nicht die fördernde mütterliche oder väterliche Umwelt sich an die primitiven Bedürfnisse des Kindes anpasste, vielmehr musste sich das Kind an die Gegebenheiten der Umwelt anpassen. Jetzt sucht das Kind die verloren gegangene Mutter und meidet die gefährlichen Außenwelten. Dammasch schreibt Folgendes, und ich kann mich dem Gesagten nur anschließen: »Die beschleunigte Bildungseuphorie und die Selbständigkeitsbetonung der Moderne, die in ökonomischer Perspektivenverengung tendenziell die Notwendigkeit emotionaler Abhängigkeitsbeziehungen verleugnet, sind mit den Bedürfnissen und dem eigenen Rhythmus gesunder kindlicher Entwicklung auf Dauer nicht in Übereinstimmung zu bringen.« (Dammasch, 2013, S. 29)

Trennungsangst – eine Angststörung

Wie zuvor beschrieben, sind Trennungsängste für einen Säugling überlebenswichtig. Sie entstehen schon bei kurzzeitiger Trennung von der Mutter, und mit seinem Schreien mobilisiert der Säugling ihr Fürsorgeverhalten. Bei größeren Vorschulkindern sind Trennungsängste allerdings nicht mehr angemessen, sondern störend und Ausdruck unbewältigter innerer und äußerer Konflikte. Eine Angst*störung* ist entstanden. Mit dem Begriff »Angststörung« werden ausschließlich Störungsbilder bezeichnet, die manifeste Angst als Leitsymptom zeigen und bei der diese im Zentrum der Wahrnehmung steht. Misslungene Angstverarbeitungen und *unbewusste* Angstformen sind bei jeder psychischen Störung wirksam.

Wenn Trennungsängste aus vielerlei Gründen während der frühen Kindheit nicht angemessen verarbeitet werden können, müssen sie verdrängt werden und wirken im Unbewussten fort. Nicht immer verhalten sie sich jedoch gänzlich stumm, rückblickend können oft Hinweise auf eine ängstliche Entwicklung erkannt werden. Doch erst wenn ein Ereignis oder eine neue Schwellensituation Trennung einfordert, werden die verdrängten Ängste manifest.

Trennungsängste sind im Säuglingsalter lebensnotwendig. Entsteht jedoch keine Objektkonstanz, also keine dauerhafte Fähigkeit, Getrenntheit auszuhalten, so bestehen Trennungsängste auch weiterhin und wirken somit mehr oder weniger störend. In diesem Fall idealisiert ein Kind das Mutterobjekt und hat Angst vor der äußeren Welt, die als unheimlich und bedrohlich gefürchtet wird. Es findet eine Regression in die einstige Pattsituation der »Wiederannäherungsphase« statt, in den Konflikt zwischen Symbiose und Selbstständigkeit.

Mit einem Beispiel soll das bisher Gesagte verdeutlicht werden. Kinder mit Trennungsängsten zeigen zumeist typische Störungsbilder. Evelyn ist zehn Jahre alt und ein etwas dickliches, lebendig wirkendes Mädchen mit einem hübschen Gesicht. Beim ersten Kontakt mit der Psychotherapeutin reagiert sie deutlich zurückhaltend, beinahe ein wenig skeptisch. Auch zeigt sie kaum Mimik. Evelyn leidet unter massiven Trennungsängsten. Oft klagt sie über Bauchschmerzen. In der Schule kann sie sich schlecht konzentrieren und ist oft unaufmerksam. Regeln der Mutter widersetzt sie sich, durchaus angemessene Forderungen des 15-jährigen Bruders weist sie empört zurück. Sie reagiert oft mit heftigen Wutausbrüchen, wirft dann Dinge umher, schreit und schlägt die Türen zu. Oft werden solche Exzesse von einem schrillen Weinen begleitet. Abends kann Evelyn nicht einschlafen. Immer wieder steht sie auf, geht zur Mutter und möchte in deren Bett schlafen. Genervt gibt diese oft nach, nur damit sie wenigsten nachts ein wenig Ruhe hat. Denn sie sieht sich von Evelyn regelrecht beschattet, erlebt diese als enorm anstrengend und nervig.

Die Ehe der Eltern war schon seit vielen Jahren sehr problematisch. Der Vater kritisierte und attackierte die Mutter immer wieder, beleidigte sie und setzte sie herab. Dies hatte auch Folgen für die Selbstwertentwicklung des Mädchens, das in ihrer weiblichen Entwicklung von keinen liebenden väterlichen Blicken aufgewertet wurde. Der Vater konsumierte auch exzessiv Alkohol, später wurde bei ihm eine depressive Erkrankung diagnostiziert. Mittlerweile haben sich die Eltern scheiden lassen, und die Beziehung der jetzt getrennt lebenden Eltern ist von gegenseitigen Verletzungen gekennzeichnet und sehr angespannt. Evelyn möchte den Vater nicht mehr besuchen, weil sie Angst vor seinen Wutanfällen hat. Dies steigert die familiären Spannungen zusätzlich. Im Zusammenhang mit dem Alkoholkonsum des Vaters hat sie eine eigenartige Phobie entwickelt. Wenn sie alkoholische Getränke nur sieht, reagiert sie mit panischen Ängsten. Evelyn hatte sich ansonsten eher unauffällig entwickelt. Allerdings berichten die Eltern, dass Evelyn in den ersten Lebensjahren oft unter Atemnot gelitten habe, die sich zu asthmaähnlichen Anfällen steigern konnte.

Die Hauptursache innerhalb der Entstehung von Evelyns Leidensgeschichte scheint die schwierige Paarbeziehung der Eltern zu sein. Es ist davon auszugehen, dass beide schon lange kein einander wertschätzendes Paar mehr waren, so dass sich auch das Beziehungsdreieck veränderte. Ein Kind wünscht sich nichts mehr als zwei liebende, miteinander kommunizierende und einander verstehende Eltern. Diese Zweisamkeit gibt Sicherheit und ist eine Voraussetzung für die Rolle des Vaters als »Dritter«. Denn das Kind trägt nicht nur ein Abbild seiner Mutter und seines Vaters in sich, ganz entscheidend wirkt auch eine Vorstellung von der Paarbeziehung seiner Eltern. Evelyn blieb symbiotisch mit der Mutter verbunden, begann den Vater zu fürchten, so dass eine triangulierende Entwicklung verhindert wurde. Hinzu kam, dass der Vater Weibliches ablehnte und entwertete, was nicht nur Folgen bei der Ehefrau zeigte, sondern – wie bereits erwähnt – auch zur Störung der weiblichen Geschlechtsidentität des Mädchens führte.

In diesem Fall wäre noch wichtig zu wissen, wann die Konflikte zwischen den Eltern ausgeartet waren. Möglicherweise war deshalb auch keine sichere Bindung entstanden. Denn angesichts von Eltern, von denen permanent zu befürchten war, sie würden sich trennen, blieben die Ängste des Mädchens quasi in »Standby-Stellung«. Die Angst vor dem Vater hatte auch dazu geführt, dass Evelyn Aggressionen als zerstörerisch wahrnahm und zu vermeiden versuchte. Sie ist »aggressionsgehemmt«, andererseits kommt es – aus anderen Gründen – mittlerweile immer wieder zu höchst destruktiven Durchbrüchen von Wut.

Ein auslösendes Ereignis, das weitere Trennungsphantasien mobilisierte, ist der Schulwechsel. Evelyn besucht seit diesem Schuljahr die Realschule, in der sie sich unwohl fühlt. Von den Mädchen sieht sie sich ausgegrenzt, von den Jungen wegen ihrer Figur verspottet. Vor einem Jahr haben sich die Eltern endgültig getrennt, die Scheidung ist geplant. Der Hauptgrund für den Beginn der Angststörung ist jedoch vermutlich die beginnende Adoleszenz, mit Konflikten, die für sie völlig unlösbar sind. »Pubertät« bezeichnet das biologische Ereignis, das den eigenen Körper verändert, ob man es will oder nicht. Der Begriff »Adoleszenz« wird für die psychologische Anpassung – oder seelische Umstrukturierung – an die Verhältnisse der Pubertät verwendet. Die Adoleszenz fordert u. a. psychosexuelle Entwicklung, Autonomie und Identitätsentwicklung.

Die Trennungsängste des Mädchens traten im Gefolge weiterer Symptome auf. Um sie soll es im Folgenden gehen, denn sie sind für alle weiteren Angststörungen prototypisch. Es handelt sich einerseits um Aggressionshemmungen, die andererseits sehr kontrastreich von destruktiven Gefühlsdurchbrüchen begleitet werden. Zu beobachten ist auch ein Verhalten, das ich einer Regression zuordne, das Schreien wie das eines Säuglings. Dazu kommen unübersehbare körperliche Symptome wie Bauchschmerzen, Schlafstörungen und in der frühen Kindheit asthmaähnliche Zustände sowie eine Phobie in Bezug auf alkoholische Getränke.

Zu dieser Symptomatik gehören – wie hier auch – häufig Konzentrations- und Aufmerksamkeitsstörungen, die kinderpsychiatrisch als eine sogenannte »Komorbidität« (Begleitsymptomatik) angesehen werden. Sie werden zumeist isoliert als ADS diagnostiziert und nicht selten mit Methylphenidat behandelt. Dies ist der falsche Weg, denn zum einen werden die eigentlichen Wurzeln nicht behandelt, zum anderen kann Methylphenidat die latenten Ängste noch schüren.
Liegen solch massive Trennungsängste wie bei Evelyn vor, begleitet von mehreren weiteren Symptomen, so sollte eine psychotherapeutische Behandlung angestrebt werden. Wie das zu bewerkstelligen ist, werde ich im Kapitel über die Schulphobie beschreiben.

Warum haben sich die Trennungsängste der Kleinkindzeit nicht zurückgebildet und wie werden aufkommende manifeste Ängste verarbeitet? Die Beziehung Evelyns zu ihrer Mutter erinnert noch ganz an die eines Kleinkinds, dessen Verhalten im vorherigen Kapitel beschrieben wurde. Vorherrschend ist der absolute Wunsch, dass das mütterliche Objekt sofort da ist. Die Mutter wird dabei nicht nur als immer anwesend, sondern auch als ohne eigenen Willen phantasiert. Die weiten Räume, die Außenwelten, alle fremden Orte werden gefürchtet, sie erscheinen gefährlich. Das Kind klammert sich an die Mutter. Diese wird von ihm beherrscht und kontrolliert, regelrecht verfolgt, und darf kein Eigenleben führen und somit natürlich auch keinen Partner haben. Weil das Kind sich von der Mutter abhängig fühlt und diese als lebenswichtig wahrnimmt, wird sie *auch* gehasst, verfolgt und attackiert. Auch bei den unsicher-ambivalent gebundenen Kindern habe ich das bereits festgestellt. Nicht selten werden die Mütter gequält, in extremen Fällen sogar geschlagen – natürlich auch, weil sie sich meist nicht ausreichend zur Wehr setzen.

Bei Trennungsangst besteht ein wesentliches Ziel des Kindes darin, die eigene Angst und aggressiven Phantasien aus dem Bewusstsein auszuschließen und sie dauerhaft fernzuhalten. Dies geschieht, wie wir im Fall Evelyn sehen konnten, über Verdrängung, Phobien, hypochondrische Befürchtungen sowie über Somatisierungen, also Verdrängung von Seelischem ins Körperliche. Damit werden gefährliche Konflikte auch unkenntlich gemacht. Die aggressiven Affekte werden teilweise über Projektionen, manchmal über Zwangsbildungen in Schach gehalten. Sie können aber immer wieder durchbrechen. Bei Angstkindern geschieht das fast immer nur innerhalb der Familie.

Wie mit den aufkommenden Ängsten umgegangen wird, hängt von der Stärke des bewussten Ich eines Kindes ab. Die folgenden Mechanismen kann ein Kind einsetzen, um nicht völlig von Ängsten überschwemmt zu werden. Fast alle waren auch bei Evelyn zu sehen.

Regression

Evelyn zeigte einige Beziehungsformen eines ganz kleinen Kindes, sie schrie und heulte völlig ungehemmt. Unter einer Regression versteht man eine solche Rückkehr zu Verhaltensweisen und Befriedigungen der Vergangenheit. Sie macht es einem Kind leichter, unerfreuliche Erlebnisse in der Gegenwart zu ertragen, ohne von ihnen überwältigt zu werden. Regressionen sind aber nur hilfreich, wenn sie kurz andauern und spontan rückgängig gemacht werden können. Kommt es zum dauerhaften Rückfall in frühere Entwicklungsphasen, so bleiben die Energien an Ziele gebunden, die dem Alter des Kindes nicht mehr entsprechen, und die Weiterentwicklung eines Kindes wird gestört. Das hat bereits Anna Freud so beschrieben (1973, S. 103). Bei kleinen Kindern kann es zum Rückfall zu frühen Versorgungswünschen kommen, sie verlangen wieder ihr Fläschchen, werden gierig oder vermeiden die Nahrungsaufnahme. Die Kontrolle der Schließmuskel kann wieder verloren gehen, es kommt zu Problemen mit Einnässen oder Einkoten. Auch wütend-trotzige Auseinandersetzungen wie in der Trotzphase sind möglich, wie bei Evelyn zu sehen war. In Außenbeziehungen kann die Sprache verweigert werden (Mutismus).

Zeitweilige Regressionen sind notwendig, sie sollten aber niemals zu sehr von den Eltern unterstützt werden, weil ansonsten die Wirklichkeit immer mehr gefürchtet und darum verleugnet wird. Ein Kind kann alle eigenen Anstrengungen – bis hin zur Beherrschung der Körperfunktionen – aufgeben und sich wieder zur Mutter flüchten, um von ihr geschützt und versorgt zu werden. Es ist aber auch nicht hilfreich, Druck auf ein Kind auszuüben, weil das die Ängste verschärfen kann und damit die Regression eher fördert. Die Beziehungen in einer Familie müssen sich so verändern, dass ein Kind sich wünscht, ein Liebesverhältnis auch mit der Außenwelt einzugehen. Hierüber wird in einem weiteren Abschnitt noch ausführlich diskutiert werden.

Einbruch der Symbolisierungsfähigkeit

Trennungsängste der späteren Kindheit sind fast immer irrationale Ängste. Es kommt zu Befürchtungen, dem Kind selbst oder anderen könnte etwas Schwerwiegendes zustoßen bis zu der Furcht, die Bezugspersonen könnten in Abwesenheit sterben. Eine solche Beunruhigung kann zur regelrechten Verzweiflung mit Todesangst, Schreien aber auch Wutausbrüchen anwachsen. Erkennbar ist die Symbolisierungsfähigkeit eingebrochen, was anlässlich von belastenden Ereignissen, wie Umzug, Trennung, Verlust leicht geschehen kann. Trennungsangst wandelt sich dann zur Todesangst, Trennung und Tod werden gleichgesetzt, wie dies beim Säugling geschieht. Oft spielen dann auch wieder Übergangsobjekte eine große Rolle, wie im Fallbeispiel am Schluss zu sehen sein wird.

Phobische Verarbeitung

Eine Phobie ist eine »Furchterkrankung«. Aus diffuser Angst wird konkrete Furcht. Ein Kennzeichen von Phobien ist eine unmittelbare Angstreaktion beim Auftreten des Furcht erregenden Reizes, den das Kind unbedingt zu vermeiden sucht.

Evelyn zeigt eine eigenartige Phobie. Wenn sie alkoholische Getränke sieht, bekommt sie große Angst. Diese verschwindet erst dann, wenn die Alkoholika aus ihrem Gesichtsfeld entfernt werden. Bei einer Phobie wird die eigentliche Angst verdrängt und auf ein äußeres Objekt verschoben. Das ursprünglich Angst machende Objekt oder Gefühl kann in der Folge gemieden werden. Dies verschafft dem Kind die Illusion, der Konflikt oder die Angst könnten vermieden, die Beziehungen konfliktfrei gehalten werden. Bei Evelyn wurde die Angst vor dem Vater mit seinen Gewaltdurchbrüchen, wenn er betrunken war, auf Wein, Bier und Schnaps verschoben. Es war aber auch die eigene Angst vor impulsiven Durchbrüchen, von denen sie immer wieder überwältigt wurde.

Im Kindesalter kommt es vor allem zu Tierphobien, zumeist Hunde-, Spinnen-, Quallen- oder Schlangenphobien. Häufig ist auch eine Furcht vor Gewittern, Regengüssen oder sonstigen lauten Geräuschen. Die jeweils verschobenen Ängste hängen nicht selten mit Gewohnheiten von Beziehungspersonen zusammen, mit lautstarken Vätern, kontrollierenden Müttern und geheimen Ängsten, wegen Einnässens bestraft zu werden. Zwei Phobien kommen bei Angststörungen besonders häufig vor. Sie sind jeweils für Mädchen und Jungen typisch, was aber nicht heißt, dass sie beim anderen Geschlecht überhaupt nicht vorkommen. Jungen mit Angststörungen *externalisieren* häufiger, setzen ihre Ängste in Szene und fürchten äußere Ereignisse, beispielsweise Einbrecher oder gefährliche und unberechenbare Krankheitserreger (etwa Aids, Fuchsbandwurm, Rinderwahn), was auch Verfolgungsängste erkennen lässt. Die »Einbrecher-Phobie« wurzelt nicht selten in der Furcht vor einem strengen Vater, aber auch in Ängsten vor eigenen Aggressionen, denen sich der kleine Junge ausgeliefert sieht.

Eine Phobie, die häufiger bei Mädchen vorkommt, ist die Angst zu erbrechen, insbesondere vor einer großen Gruppe. Diese Angst ist ein Ergebnis von Beschämung und Scham. Vielleicht ist es dem Kind einmal selbst geschehen oder es hat den Vorgang beobachtet. Nun fürchtet es, in der Schule vor allen erbrechen zu müssen, und vermeidet die Nahrungsaufnahme. Gelegentlich wollen die Kinder nicht mehr in der Öffentlichkeit essen, ein Vermeidungsverhalten, das Schamängste vermuten lässt. Dieses Verhalten wiederum wird oft als beginnende Essstörung diagnostiziert. Es ist zu erkennen, dass das Erbrechen eine Trennung der Nahrung vom Körper ist und auf diese Weise die gefürchtete Trennung somatisch dargestellt wird.

Ängste in geschlossenen Räumen oder auf großen Plätzen mit Menschenansammlungen und solche vor Dunkelheit und Höhen sind seltener und kommen erst im späteren Kindes- und Jugendalter vor. Werden negative Vorstellungen auf einen anderen Menschen verschoben, kommt es zu Ängsten vor Fremden oder vor bedrohlicher Nähe mit zunehmendem Vermeidungsverhalten. Dies ist die bekannte soziale Angst vor Kontakten. Phobien können leicht dazu führen, dass die Ängste nicht mehr auftauchen, wenn das ängstigende Objekt gemieden werden kann. Dann ist jedoch die Gefahr groß, dass sich die Störung verfestigt. Dieses Vermeidungsverhalten ist eine der größten Gefahren bei den Schulphobien.

Negative Vorstellungen können auch auf den eigenen Körper verschoben oder projiziert werden. Er wird in der Vorstellung zu einem ambivalenten Objekt, dem nicht zu trauen ist. In diesem Fall wird die Angst *hypochondrisch* verarbeitet. Ich verstehe diesen Vorgang als einen Parallelvorgang zur phobischen Verarbeitung, dort nach außen, hier nach innen gerichtet. Hypochondrien, also die ständige Befürchtung, sehr krank zu sein, können viel Leiden verursachen.

Ein Hinweis: Es geschieht allen Menschen immer wieder, dass sie dunkle Seiten auf auffällige Minderheiten projizieren und sie dann in sich selbst nicht mehr wahrnehmen. Daraus entsteht Xenophobie, also Fremdenangst, bis hin zum Hass auf alles Fremde. Dieser Hass kann umso größer sein, je uneinfühlsamer eine Person ist. Der Antisemitismus und die Islamophobie sind Variationen von Xenophobie. Dabei spielt auch eine bedeutende Rolle, in wen projiziert wird. Manche Jugendliche verlagern beispielsweise eigene Anteile in Gruppen, die auffallende psychische Ähnlichkeit mit der eigenen Persönlichkeit haben, etwa Ausländer, Drogenabhängige und Homosexuelle. Die Furcht vor und der Hass auf Homosexuelle wurden in Russland sogar von höchster Stelle verordnet. Homophobie macht besonders deutlich, dass es nicht um reale Befürchtungen, sondern um unbewusste Ängste geht. Vor allem ist Homophobie nicht nur ein Phänomen von gewaltbereiten Gruppen. Schwulenhass, Angst vor der eigenen Weiblichkeit und Diskriminierung der Homosexualität finden unaufhörlich und in allen Schichten statt. Im Kapitel über Mobbing wurde über dieses Thema bereits diskutiert.

Wie Ängste mittels »Somatisierung« aus dem Bewusstsein verbannt werden können

Körperkrankheiten haben viel mit Wohlbefinden und persönlichem Erleben zu tun. Einiges davon ist auch in unserer Sprache sichtbar. So heißt es zum Beispiel, dass »einem etwas auf den Magen geschlagen« oder »eine Sache sauer aufgestoßen« ist. Mancher Kummer bereitet einem »schlaflose Nächte«. Etwas Unangenehmes findet man »zum Kotzen« und bei Angst bekommt man »Schiss«. Von einem Dicken sagt man zuweilen, dass er sich einen »Kummerspeck« zugelegt habe; und dass die beiden Wörter »Angina« und »Angst« eine gemeinsame sprachliche Wurzel haben, ist kein Zufall. Auch wenn der Volksmund sagt: »Der nimmt seine Grippe«, sind darin nicht nur Böswilligkeit und Häme enthalten – und manchmal »bleibt einem auch die Spucke weg«. Alle Angstaffekte wurzeln in physiologischen Abläufen. Angst berührt immer Leib und Seele gleichzeitig, Zustände von Angst wurzeln immer in einem psychosomatischen Geschehen. Ängste können deshalb, wie bereits zu Beginn erwähnt, von unterschiedlichen Körperwahrnehmungen wie Herzjagen, Zittern, Atembeklemmungen, Schwindel, Harndrang und Durchfall begleitet werden. Ein Verdrängen von Seelischem ins Körperliche, wird auch »Somatisieren« genannt oder als *Konversion* bezeichnet. Seelische Energien verwandeln sich in Körpersymptome, jedoch ohne Folgen für den Körper. Der Körper wird lediglich zur Stätte der Angst. Konversionssymptome oder Ausdruckskrankheiten sind somit körpersprachliche Symbole oder ein körperlicher Ersatz für unbewusste Konflikte, Bedürfnisse, Affekte und Phantasien. Wird die Angst verdrängt und auf den Körper verlagert, so wird sie gleichsam aus dem Bewusstsein entfernt. Ängste vor der Schule, vor Mobbing, vor Klassenarbeiten oder anderen Belastungssituationen verwandeln sich dann in Kopf- und Bauchschmerzen, wie bei Evelyn, zu Magen-, Darmbeschwerden oder – wie im folgenden Fall – in eine Bronchitiserkrankung.

Rainers Bronchitis
Immer wieder begegnet man Kindern, die während ihrer gesamten Kindheit selten oder sogar nie erkranken, aber auch solchen, die ständig krank sind: Mittelohrentzündungen, Mandelentzündungen, Entzündungen der Harnwege ... Und immer wieder finden wir Kinder mit chronischer Bronchitis. Schon bei der geringsten Erkältung müssen sie das Bett hüten, haben Husten und Fieber. Sie sind halt sehr anfällig, sagt man oft resigniert. Aber warum sind sie »anfälliger« als andere Kinder? Gern wird diese Anfälligkeit mit einer »schwachen Konstitution« begründet.

Rainer ist so ein Junge (Hopf, 2007, S. 69). Als ich ihn kennenlernte, war er 14 Jahre alt, wirkte aber wie zwölf. Er war klein, dicklich, hatte einen korrekt gezogenen Wasserscheitel und war noch wie ein Kind gekleidet. Während der gesamten Begegnung zeigte er ein verbindliches Lächeln und wirkte schüchtern, ja devot und unterwürfig.

Seit seinem sechsten Lebensjahr litt der Junge immer wieder an schweren Bronchitiserkrankungen, die sich oft über Wochen hinziehen konnten. Sein Verhalten während der langen Krankheitszeiten wird von der Mutter über die Maßen gelobt. Er habe die vielen Erkrankungen mit sehr großer Geduld ertragen. Selbst während sehr langer Krankheitsperioden »war er immer lieb und brav«. Alle ärztlichen Verordnungen, alle Anwendungen habe er geduldig über sich ergehen lassen. Überhaupt könne sich die Mutter nicht erinnern, dass Rainer je zornig oder böse gewesen sei oder dass aus irgendwelchen Gründen mit ihm geschimpft werden musste. Immer war er so sauber, gründlich und genau, wie man es sich nur wünschen konnte: beim Schreiben, beim Basteln, beim Aufräumen, bei den Hausaufgaben. Ganz wie der Ehemann, der immer schon sehr großen Wert auf Sauberkeit, Ordnung und Pünktlichkeit gelegt und den Jungen von früh an in diese Richtung beeinflusst hatte.

Es kristallisierte sich für mich das Bild eines Jungen heraus, der von klein auf überbehütet, verzärtelt und kontrolliert worden war. Jeder seiner Schritte war überwacht worden, seine ganze Entwicklung war von den Eltern geradezu programmiert worden. So kontrollierte die Mutter auch noch bei dem 14-Jährigen regelmäßig, ob er auch warm genug angezogen war, wenn er weg ging. Rainer durfte nur dick verpackt und mit warmer Unterwäsche das Haus verlassen, weil er so empfindlich sei.

Das war nicht nur ein Ausdruck des Festhaltens, sondern auch vom ärztlichen Standpunkt her nicht richtig, weil sich ja dadurch die Widerstandskräfte des Jungen immer mehr verringerten und Rainer noch leichter angesteckt werden konnte, wenn eine Möglichkeit zur Infektion bestand.

Was wäre ansonsten zu tun? Abhärten, rät der Arzt. Viel Sport und Baden in frischer Luft. Das wäre sicher recht, allerdings müsste Rainers Mutter erst einmal loslassen können, dem Jungen genügend Freiraum zum Leben lassen. Sie »liebt« ihn aber so sehr. Sie möchte ihn vor möglichen Gefahren bewahren. Aber so eindeutig war das auch in diesem Fall nicht.

Angesichts ihres eigenen klammernden Verhaltens und Verzärtelns überrascht es, dass Rainers Mutter im Gespräch bald äußerte, sie fürchte in letzter Zeit, er sei gar kein richtiger Junge. Weil er so ohne Entschlusskraft sei, so ohne jeden Unternehmungsgeist – eigentlich ganz wie der Ehemann. Und sie ließ erkennen, wie enttäuscht sie von Rainer war: Im Grunde hätte sie einen ganz anderen Jungen gewollt, einen selbstständigen und »männlichen«. Da zeigte sich, dass unter der fürsorglichen und überbehütenden Art der Mutter vor allem Enttäuschung und Ablehnung zu finden waren, die die Mutter sich selbst nicht in ihrer ganzen Bedeutung eingestehen kann. Denn solche Gefühle darf sie gegenüber ihrem Kind schließlich nicht haben – gegenüber dem Ehemann, der eigentlich gemeint war, schon gar nicht.

Negative Gefühle den eigenen Kindern gegenüber sind etwas ganz Normales. Mütter und Väter können und müssen lernen, sich diese einzugestehen und mit ihnen umzugehen. Rainers Mutter hatte aus in ihrer eigenen Lebensgeschichte verborgenen Gründen nie eine Chance gehabt, das zu lernen. Sie musste ihre Wut auf den Jungen und ihre Enttäuschungen vor sich selbst verstecken und versuchte dies unbewusst durch ihre übergroße Fürsorge zu kompensieren.

Dass Lieben auch Loslassen heißt, konnte sie nicht erkennen, geschweige denn praktizieren, denn es wäre ihr so vorgekommen, als ob sie ihren aggressiven Impulsen gegen Rainer nachgeben würde, ihn wegschickte, um ihn los zu sein. So bekamen ihre Enttäuschung und negativen Empfindungen heimliche Macht über ihr Verhalten, weil sie sie sich nicht eingestehen und deshalb auch nicht bewusst mit ihnen umgehen konnte. Rainer wird also zum Beispiel warm verpackt, um vor Auskühlung und damit vor Infektionsgefahr geschützt zu werden. Und damit erreicht die Mutter aber genau das, was sie bewusst nicht möchte, dass Rainer erst recht krank wird.

Warum ist der Junge aber trotzdem so lieb? Warum gibt es bei ihm so gar keine Anzeichen von Wut oder Hass über die groteske Behütung? Der Konflikt zwischen ihm und der Mutter ist *auch* aus seinem Bewusstsein verschwunden: Seelisches Leid hat sich in körperliches Leid verwandelt. Rainer kann keine Wut empfinden, weil dieses Gefühl gleichsam im körperlichen Symptom verschwunden ist: Sein krampfartiger Husten, der den ganzen Körper immer wieder durchschüttelt, ist das Abbild jener verdrängten Wut und Aggressionen. Diese werden nun in quälender Weise gegen das eigene Selbst gerichtet.

Es kam zu keiner Psychotherapie des Jungen. Die Mutter brach die Beziehung zu mir ab, weil sie fürchtete (und aus ihrer Sicht zu Recht), dass auch ihre Beziehung zu Rainer verändert werden würde, wenn sie sich auf eine Therapie des Jungen einließe. Das konnte sie – zumindest damals – nicht ertragen. Über diese Ängste vor Veränderungen während einer Psychotherapie wird noch ausführlich gesprochen werden.

Die Mutter rief mich vier Jahre später, Rainer war da achtzehn Jahre alt, noch einmal an. Die Bronchitiserkrankungen seien verschwunden (wie häufig nach dem Einsetzen der Pubertät), aber was der Mutter nun Sorgen machte: Rainer zeigte überhaupt kein Interesse an Mädchen. Ein Gespräch kam allerdings wieder nicht zu Stande.

Ausdruckskrankheiten oder Konversionssymptome sind körpersprachliche Symbole – ein körperlicher Ersatz für unbewusste Konflikte, Bedürfnisse, Affekte und Phantasien (Hopf, 2007, S. 27). Dennoch muss bei allen Körpersymptomen ein Arzt, Kinderarzt oder ein Gastroenterologe das Kind untersuchen und möglicherweise fachärztlich begleiten. Wird eine Psychotherapie eingeleitet, ist ein ärztlicher Konsiliarbericht erforderlich, der die organischen Beeinträchtigungen diagnostiziert und organische Gründe ausschließen kann.

Soll Regression unterstützt werden?

Krank werden, das heißt auch »regredieren«. Wie bereits erwähnt, bedeutet das, in bereits überwundene Entwicklungsphasen zurückzufallen, um seelisch wieder zu gesunden. Soll darum Regression von den Eltern oder anderen Beziehungspersonen unterstützt werden oder nicht (Hopf, 2007, S. 33)?

Es ist sieben Uhr morgens. Der achtjährige Simon liegt in seinem Bett und ruft weinerlich nach seiner Mutter: »Mama, ich kann heute nicht in die Schule. Ich habe so sehr Bauchschmerzen.« Simons Mutter erschrickt. In letzter Zeit ist das öfters geschehen. »Aber wenn er Bauchschmerzen hat, dann ist er doch krank! Dann braucht er nicht in die Schule!«, so denkt sie. Als sie Simon das Ergebnis ihrer Überlegungen mitteilt, lässt der sich zufrieden ins Bett zurückfallen. Nach etwa zwei Stunden ist er allerdings putzmunter. Er steht auf und beginnt zu spielen, seine Bauchschmerzen sind offensichtlich verschwunden. »Ob er mir etwas vorgemacht hat«, denkt seine Mutter jetzt, »ob er wirklich Bauchweh hatte?«

Eine andere Geschichte in einem anderen Haus: Der zwölfjährige Fabian steht trotz mehrmaligen Drängelns seiner Mutter nicht auf: »Mama, ich kann heute nicht in die Schule! Ich fühle mich krank.« Fabians Mutter spürt, dass etwas im Busch ist. Sie erinnert sich daran, dass heute eine Arbeit in Mathematik geschrieben werden soll und dass sich Fabian nicht ausreichend vorbereitet hat. »Ich schlage vor, dass du aufstehst und in die Schule gehst. Meinst du, es ist besser, die Mathearbeit nachzuschreiben? Du weißt doch, dass das in der Regel eher schwerer ist.« »Dann steh ich halt auf«, meint Fabian ärgerlich und ein bisschen beschämt, weil die Mutter ihn ertappt hat.

Jede dieser Mütter hat eine bestimmte Haltung eingenommen. Simons Mutter hat Regression unterstützt und Fabians Mutter Progression. Welche Haltung ist die richtige? Sich einfühlsam und angemessen zwischen den beiden Polen »Beschützen« und »Loslassen« zu bewegen, ist schwer im Umgang mit Kindern. Denn natürlich muss ein kleines Kind erst einmal behütet und beschützt werden, weil es die Gefahren der Welt noch nicht richtig einschätzen kann. Verhalten sich Eltern jetzt gleichgültig oder abwartend, muten sie dem kleinen Kind zu viel zu. Sie überlassen es zu früh sich selbst und setzen es einer gefährlichen Welt aus, deren Anforderungen es noch nicht gewachsen ist.

Allerdings sollen Tendenzen zur Loslösung, zur Selbstständigkeit und zur aktiven Durchsetzung aber auch immer gesehen und unterstützt werden. Wir können das an den beiden Beispielen gut erkennen. Fabians Mutter hat ihren Sohn ermuntert, die Wirklichkeit zu ertragen und sich den Ängsten zu stellen.

Ob Simon ein kleiner Schwindler war und sich lediglich vor den Ansprüchen der Schule drücken wollte oder ob er tatsächlich Bauchweh hatte, sei einmal dahingestellt. In jedem Fall hat ihn das Bauchweh, echt oder vorgetäuscht, vor Anstrengungen und Mühen geschützt. Er hatte einen »Krankheitsgewinn«, er konnte bei seiner Mutter bleiben. Es ist also zu vermuten, dass sich Simons Probleme nicht nur im Kranksein zeigen, sondern im gesamten Bereich des Selbstständig-Werdens. Hierfür hat die Volksweisheit ein eindrückliches Märchenbild geschaffen. Märchen sind ja nicht einfach nur unterhaltsame Geschichten, sondern voll tiefem Wissen über jene Auseinandersetzungen und Konflikte, denen alle Menschen jeden Tag aufs Neue ausgesetzt sind, und sie bieten sinnvolle Lösungen an. In Grimms Märchen vom süßen Brei produziert ein Töpfchen hilfreich Nahrung. Als es damit jedoch nicht mehr aufhört, weil die Mutter es nicht mehr zum Stillstand bringen kann, erstickt ein ganzes Dorf beinahe daran. Bleibt ein Kind im süßen Brei von Überbehütung und Verwöhnung stecken, kann es sich nicht mehr selbst helfen. Im Märchen gebietet übrigens nicht die Mutter, sondern das Kind dem Töpfchen Einhalten.

Was ist Krankheitsgewinn?
Über sein Kranksein bekommt ein Kind in der Regel mehr Zuwendung, so dass es vielleicht an seiner Krankheit festhalten möchte. Mittels Krankheit können auch Selbstwerdung und Autonomie mit allen zugehörigen Ängsten vermieden werden.

Simon wurde von seiner Mutter darin unterstützt, Konflikten auszuweichen, Leistungsanforderungen zu meiden und sich seinen Ängsten nicht stellen zu müssen. Tatsächlich sind Kopf- und Bauchschmerzen nicht selten körperliche Begleiter von Ängsten, insbesondere in Trennungssituationen. Im allerschlimmsten Fall könnte sich auf diese Weise eine Schulphobie entwickeln, bei der ein Kind dauerhaft nicht mehr zur Schule gehen will – Sigmund Freud nannte dies »Flucht in die Krankheit«.

Der Psychoanalytiker Erich Fromm geht davon aus, dass Mutterliebe Gnade und Barmherzigkeit sei, die väterliche Liebe hingegen Gerechtigkeit (Fromm, 1989, S. 462f.). Beide Einstellungen können entgleisen, sodass aus dem einen eine verwöhnende Haltung, aus dem anderen unerbittliche, grausame Strenge werden kann. Mütterliche und väterliche Haltung sind für eine ausgewogene Erziehung unumgänglich, natürlich ohne nachgiebige Verwöhnung und ohne sadistische Grausamkeit. Wohlgemerkt, es sind *Haltungen*, die unabhängig vom Geschlecht eingenommen werden können. Eine alleinerziehende Mutter muss beispielsweise versuchen, immer beide Haltungen einzunehmen.

Eine Begebenheit, die dies verdeutlicht: In einer Bäckerei steht eine lange Schlange von Menschen und alle warten mehr oder weniger geduldig, bis sie an die Reihe kommen. Eine Mutter mit einem etwa fünfjährigen Jungen betritt den Laden. Der Junge schreit: »Ich will eine Brezel, ich will eine Brezel.« Rücksichtslos mit beiden Armen alle wegdrängend schiebt er sich nach vorne und schreit weiterhin sein Begehren heraus. Die Mutter meint verhalten, dass doch erst die anderen Leute dran kämen. Der Junge, in allergrößter Erregung und Unruhe, schreit so sehr, dass ihn die Verkäuferin mit mildem Lächeln vorzieht. Mit einer Zange holt sie das Backwerk aus dem Fach, und es bricht versehentlich ein Stückchen heraus. Ein gellender Schrei: »Die hat meine Brezel kaputt gemacht, ich will die jetzt nicht mehr!« Der Junge tobt und schreit, die Mutter redet auf ihn ein, aber es wird immer schlimmer. Ein korpulenter Mann, bekleidet mit einem »Blaumann«, hat inzwischen den Laden betreten. Er schaut den Jungen ernst an und sagt mit lauter, fester Stimme: »Junge, was heulst du denn hier so herum? Das ist ja schlimm, das gehört sich doch nicht.« Der Junge wird schlagartig ruhig. Sein Gesicht entspannt sich, und es scheint ihm wieder besser zu gehen. Wortlos nimmt er die Brezel entgegen. Seinem »grenzenlosen« Begehren wurde eine klare Grenze gesetzt. Das hat die Spannungen nicht nur begrenzt, sondern auch gemildert. Der Regression wurde ein

Ende gesetzt, die progressiven Tendenzen wurden unterstützt. Empirische Untersuchungen haben übrigens gezeigt, dass beispielsweise Bewegungsunruhe in Anwesenheit des Vaters am seltensten auftritt, bei Hausaufgaben – meist in der Nähe der Mutter – am häufigsten.

Vermeidungsverhalten

Kehren wir nach diesem Exkurs über mütterliche und väterliche Haltung wieder zum Kind mit Trennungsängsten zurück. Zu strenge, fordernde Haltungen können Ängste erzeugen oder bestehende Ängste verstärken. Eine zu nachgiebige Haltung wiederum kann Regression und *Vermeidungsverhalten* fördern, das wurde mehrmals betont. Bei klammernden, sehr anhänglichen Kindern wie Simon sollten jedoch vor allem progressive Tendenzen unterstützt werden. Denn wenn es einem Kind gelingt, sich nicht mehr den Ängsten stellen zu müssen, besteht auch keine Chance, diese zu behandeln und zu verändern. Alle Versuche eines angstkranken Kindes, wieder in die Symbiose mit der Mutter zu flüchten und die Realität zu meiden, nennen wir auch Vermeidungsverhalten. Hierauf werden wir im Zusammenhang mit der Schulphobie noch tiefer eingehen.

Es existieren Rahmenbedingungen und Regeln, Forderungen der Realität, die auch schon von kleineren Kindern eingehalten werden können. Ein krankes Kind mit Fieber gehört unbedingt ins Bett. Mit Kopfschmerzen und Bauchschmerzen kann auch mal anders umgegangen werden. Werden sie nicht allzu sehr beachtet, können sie gelegentlich ohne weitere Maßnahmen verschwinden. Führen oder wachsen lassen, halten oder loslassen, Regression oder Progression – in jedem Fall muss von Eltern das aktuell Notwendige eingefühlt, erkannt, gefordert und gefördert werden.

Vermeidungsverhalten führt dazu, dass sich ein Kind seinen Konflikten und Ängsten nicht mehr stellen muss.

Eine Sonderform des Vermeidungsverhaltens: Schlafen im elterlichen Bett

Gelegentlich habe ich Eltern stolz versichern hören: Unser Kind hat von klein auf immer durchgeschlafen. Es ist nie zu uns ins Schlafzimmer gekommen und hat uns gestört. Wir haben es am Anfang ein paar Nächte durch schreien lassen, weil wir uns nicht von einem Kind tyrannisieren lassen wollten. Solche Maßnahmen können tatsächlich wirksam sein, der Preis dafür sind allerdings Hoffnungslosigkeit und Resignation im Kind. Es passt sich den Wünschen der Eltern gefügig an – auf Kosten einer gesunden Entwicklung seiner Persönlichkeit. Zum Glück ist die Gruppe von Eltern, die ihre Kinder auf diese Weise von Geburt an disziplinieren wollen, erheblich kleiner geworden.

Im Moment des Einschlafens nimmt das Kind seine Liebe und Zuneigung gleichsam von seinen Bezugspersonen und seiner Umwelt zurück und richtet diese Gefühle wieder auf sich selbst. Wenn wir einschlafende Kinder beobachten, können wir deshalb auch sehen, dass sie sich intensiver mit sich selbst beschäftigen: Schaukeln, Fingersaugen, Schnuller nuckeln, Onanieren sind deshalb keine »Unarten« oder gar »krankhafte Symptome«, sondern der Ausdruck eines »Rückzugs auf sich selbst«. Schlafen heißt jedoch auch, sich in einen völlig hilflosen Zustand zu begeben und sich ganz seiner Umwelt auszuliefern. Die Voraussetzung dafür, dass ein Kind einschlafen kann, ist deshalb ein unbedingtes Vertrauen zu seinen Bezugspersonen und der näheren Umwelt – deshalb haben fast alle Kinder mit Trennungsängsten auch Schlafstörungen.

Das elterliche Bett – oder die Schlafstatt neben dem Bett der Eltern – kann für ein krankes Kind oder ein Kind im Alter bis zu etwa drei Jahren in einer schweren Krise Angstschutz bedeuten.
Wichtig ist aber für die Eltern immer, sich über die eigenen Bedürfnisse klar zu werden und diese nicht auf das Kind projizieren. Ist es das

Bedürfnis des Kindes, im Elternbett zu schlafen? Oder ziehen wir als Eltern einen »Gewinn« daraus? Generell haben Elternpaare eigene Bedürfnisse und brauchen auch ihren eigenen Bereich.

Schulkinder sollten nicht mehr im Bett der Eltern schlafen, aber auch hier gibt es Ausnahmesituationen, denn kurzzeitige Regression kann bekanntlich hilfreich sein. Doch es muss verwundern, dass von Kindern mit einer Trennungsangst und Schulphobie im Alter von acht bis zwölf Jahren 50 Prozent regelmäßig im elterlichen Bett schliefen, von Kindern der Kontrollgruppe nicht ein einziges (Weber, 2011, S. 45f.). Genauer gesagt, handelt es sich meist um das Bett der Mutter. Der Vater zwängt sich nicht selten in das Bett im Kinderzimmer, um seine Ruhe zu finden. Dies macht deutlich, dass Trennungsängste auch nachts weiterwirken und eine krankhafte symbiotische Beziehung zwischen Mutter und Kind entstanden ist. Eltern dürfen (und müssen) in vielen Fällen unbedingt »nein« sagen.

Warum ist es schädlich, wenn Kinder im Bett der Eltern oder der Mutter schlafen?

Zum einen entsteht eine dauerhafte Regression, die das Vermeidungsverhalten weiterhin verfestigt. Die betroffenen Kinder müssen sich nicht mehr mit ihren Konflikten und den daraus entstehenden Ängsten auseinandersetzen. Die übergroße und intime Nähe zu den Eltern – vor allem zum anderen Geschlecht – kann zudem inzestuöse Phantasien begünstigen, welche die Ängste noch verschärfen. Vor allem kann die psychosexuelle Entwicklung eines Kindes stark gestört werden. Ich bin hochaggressiven – bis zu 15-jährigen – männlichen Jugendlichen begegnet, die jede Nacht im Bett ihrer Mutter schliefen. Teilweise wurde mir von den Müttern beschämt mitgeteilt, dass sie ihre Söhne beim Masturbieren beobachtet hatten. In diesen Fällen wurde die inzestuöse Situation manifest.

Gerade ein Kind mit Trennungsängsten darf nicht im Bett seiner Eltern schlafen. Versucht das Kind das zu erzwingen, so müssen es die Eltern mit aller Autorität unterbinden. Setzt sich diese Form des Vermeidungsverhaltens weiter fort, werden alle therapeutischen Maßnahmen wirkungslos. Ein Therapeut wird eine Behandlung nur beginnen, wenn das Kind nicht mehr bei den Eltern schläft. Ein Psychotherapiegutachter, der die Behandlung empfehlen soll, wird dies ebenfalls nur unter diesen Bedingungen tun.

Angstträume:
der allgegenwärtige Konflikt
»Regression versus Progression«

Kinder erzählen mit ihren Träumen von Problemen und Konflikten, die gelegentlich auch beunruhigen und schreckliche Bilder enthalten können. Angstträume sind aber auch entwicklungsbedingt: Zu bestimmten Entwicklungsphasen und ihrer Bewältigung gehören spezifische Ängste. Sie können sich in bestimmten Träumen niederschlagen: als Träume mit Trennungs- und Verlustängsten, als Fall- oder Verfolgungsträume oder später gar als Katastrophenträume. An solche Traumbilder können Kinder sich lebhaft erinnern. Geraten Kinder nachts in einen Zustand ängstlicher Erregung, mit lautem Weinen und Schreien und können sich morgens an nichts mehr erinnern, so kann ein so genannter »Pavor nocturnus« (ein »Nachtschreck«) vorliegen, der in krankheitswertigen Fällen, wie andere Angststörungen, intensiver Elternberatung oder Psychotherapie bedarf (vgl. Du Bois, 2007, S. 103; Hopf, 2009 S. 203; Knölker et al., 2000, S. 354).

Es gibt Kinder, die Realität von Phantasie nur schwer unterscheiden können. Im ersten Kapitel haben wir bereits über die Fähigkeit zur »Realitätsprüfung« gesprochen. Sie können auch von bestimmten Filmen sehr geängstigt werden. Im Alltag hat ein Kind immer die

Möglichkeit, sich auf das Kommende vorzubereiten. Bei Filmen – und seien es lediglich Trickfilme – stehen solche Augenblicke nicht zur Verfügung. Das Kind ist auf das Kommende nicht vorbereitet. Vorschulkinder sind zudem ganz dem magisch-animistischem Denken verhaftet. Ihr Ich ist noch nicht stark genug, sich gegen solch massive Beeinflussungen zu wehren, und die vorhandene seelische Struktur kann völlig überfordert werden.

Betrachten von Filmen zieht regressives Verhalten nach sich. Das spezifische Thema eines Filmes kann ähnliche unbewusste Konflikte im Betrachter mobilisieren, die dann mehr oder weniger verschlüsselt in nächtlichen Träumen auftauchen können. Träumt also ein Kind von Dracula, King Kong oder anderen monströsen Filmhelden, die es tags zuvor gesehen hat, so hat das seinen Sinn und die gleiche Bedeutung wie alle Tagesreste. Unter einem *Tagesrest* verstehen wir Elemente aus dem Vortag, die der Traum als Anknüpfungspunkte verwendet. Es kann das Bruchstück einer Wahrnehmung sein, eine Stimmung, eine Filmsequenz oder wie im folgenden Fall Phantasien über die Schule. Der Begriff »Schule« ist für Kindergartenkinder ungemein stark besetzt, mit vielen Sehnsüchten, groß zu werden – vor allem aber auch mit Ängsten vor dem Unbekannten.

Im Folgenden soll eine Traumsequenz die widerstrebenden Wünsche zwischen Klammern an die Mutter sowie Autonomieentwicklung und Schule einmal aus einem anderen Blickwinkel aufzeigen. Benjamin, gerade sechs Jahre alt, ist wegen Stotterns, Einnässens, vor allem aber seiner Trennungsprobleme in analytischer Kinderpsychotherapie. Er besucht im Kindergarten die Vorschulgruppe und weiß, dass er in wenigen Monaten in die Schule gehen muss. Einige Wochen vor diesem Ereignis beabsichtigt die Erzieherin, mit der Gruppe der Vorschüler im Kindergarten zu übernachten. Das ist für Benjamin eine besondere Herausforderung, weil er gelegentlich noch einnässt. Außerdem hat der Therapeut mit ihm und seinen Eltern über den Abschluss der Behandlung gesprochen, die mit dem Schulanfang zusammenfallen soll. Dem Therapeuten ist aufgefallen, dass Benjamin neuerdings wieder seine Reisetasche zu den Therapiestunden mitbringt: Sie enthält unter anderem eine Bettdecke, ein Kopfkissen, einen Schnuller und ein Stofftier. Diese Gegenstände besitzen die Funktion von »Übergangsobjekten« und sollen Benjamin helfen, Ängste und Spannungen zu mildern, letztendlich die Trennung erträglich machen. Der intensive Gebrauch von Übergangsobjekten zeigt dem Therapeuten, dass die Trennungsproblematik erneut aufgeflammt ist.

Benjamin sagt zum Therapeuten: »Ich habe geträumt.« Dieser fragt, was er denn geträumt habe, woraufhin Benjamin den folgenden Traum erzählt:

> *Ich hab' im Kindergarten geschlafen. Da bin ich aufgewacht, und es war ganz dunkel. Da hab' ich Angst gehabt, weil da Gespenster waren, so wie Shredder (eine Spielfigur mit Totenkopf). Die wollten mich holen. Die wollten mich dahin bringen, wo ich nichts kenne. Dann habe ich mich festgehalten, da konnten sie mich nicht mitnehmen. Ich hab' aber ganz doll Angst gehabt, und dann ist die Mama gekommen und hat mir mein Fläschchen gebracht, und dann war ich wach.*

Traumerzählungen bereiten mir bis heute sinnliches Vergnügen, denn so habe ich Gelegenheit, wie durch ein Schlüsselloch direkt in die Tiefen des Unbewussten zu schauen. Benjamin erlebt die anstehenden Veränderungen, die geplante Übernachtung, Einschulung und das Therapieende als höchst bedrohlich, was auch sein regressiver Gebrauch von Übergangsobjekten zeigt. Er soll aus seiner gewohnten Umgebung, dem Kindergarten, dem geschützten Therapieraum, herausgerissen werden und von Tod bringenden Gespenstern dorthin gebracht werden, »wo er nichts kennt«. Diese Formulierung charakterisiert geradezu poetisch einen fremden, gefährlichen und unheimlichen Raum. Doch weil Benjamin sich festhält, sich gegen die Forderung der Progression stemmt, kann er nicht weggeschafft werden. Die reale Anwesenheit der Mutter und das Fläschchen, welches stellvertretend für sie steht, verhindern eine ungewünschte Trennung und lassen die panischen Ängste zunächst verschwinden. Noch hat Benjamin das Mutterbild nicht ausreichend verinnerlicht, um längere Trennungen zu ertragen und jene gefährlichen Räume zu erkunden, »in denen er nichts kennt«. Er möchte an die Brust der Mutter zurück, will wieder eins sein mit ihr und erlebt die anstehenden Forderungen nach Selbstständigkeit ausschließlich als Bedrohung.

Dabei ragt die Schule wie ein buchstäbliches Armageddon über allem. Von jetzt an wird das Leben nicht mehr so sein, wie es einst war. Das ist eine ganz reale Angst. Reale Angst – auch Furcht genannt – ist, wie gesagt, ein wichtiges Sensorium, das ein Individuum vor realen Bedrohungen und Gefahren warnt und schützt. Aber schon Benjamins Beispiel macht deutlich, dass reale Angst nur selten in reiner Form zu erkennen ist. Sie ist immer mit neurotischen Ängsten durchmischt. Diese sind, dies sei nochmals betont, Überbleibsel von Ängsten, die mit den Entwicklungsstadien und -krisen der Kindheitsentwicklung verbunden sind. Werden diese Ängste nicht bewältigt oder nur unzureichend verarbeitet, so wirken sie verdrängt im Unbewussten weiter. Dann entstehen neurotische Konflikte mit Symptombildungen in Form von regressiven Symptomen. Benjamin hat offenbar nicht nur reale Angst vor der Schule. Wir erkennen genauso Trennungsangst mit einer Idealisierung des Mutterobjektes und eine Angst vor unheimlichen, bedrohlichen Räumen. Damit ist der kleine Träumer nochmals in die Pattsituation der »Wiederannäherungsphase« zurückgekehrt.

Träume eines Kindes lassen uns seine unbewussten Konflikte erkennen. Sind diese noch unlösbar, werden sich ängstigende Träume wiederholen. Träume übernehmen auch die Funktion innerer Reifungsriten, und sie sind eine Art »Reparaturwerkstätte« zur Lösung der unbewältigten Konflikte.

Teil III:
Schulphobie

Die typischen Symptome von Schulphobie sind in der folgenden Fallgeschichte gut zu erkennen. Die zehnjährige Jessica weigert sich eines Morgens, in die Schule zu gehen, mit der lapidaren Begründung, sie hätte große Angst. Wenig später erkrankt sie an einer fiebrigen Erkältung, und danach beginnt Jessica sich immer häufiger zu weigern, in die Schule zu gehen, immer mit der stereotypen Erklärung, sie hätte Angst. Andererseits weint und klagt das Mädchen über die schreckliche Situation und dass sie jetzt Lehrer und Mitschüler nicht mehr sehen könne. Anfänglich versucht Jessica noch gelegentlich, sich zu überwinden. Jedoch spätestens wenn sie das Schulhaus betritt, überfällt sie Panik mit Zittern, Atemnot und Schweißausbrüchen, so dass sie wieder umkehren muss. Der Mutter, von Beruf Lehrerin, ist es irgendwann nicht mehr möglich, Jessica zu überreden, in die Schule zu gehen, und Jessica bleibt schließlich ganz zu Hause (Hopf, 1998, S. 9f.).

Trennungsangst und Schulphobie

Innerhalb der Kinderpsychiatrie werden Trennungsängste von der Schulphobie unterschieden und abgegrenzt. Wenn ich auf meine psychoanalytische Arbeit über die Jahre zurückblicke, waren allerdings bei fast allen Kindern mit Trennungsängsten *auch* Ängste vor der Schule zu beobachten, mal kaum feststellbar, mal weniger, mal mehr. Bei Trennungsängsten werden die Objekte – also die Bindungspersonen – verklärt, die fremden Räume, die Außenwelten hingegen gefürchtet. Keines dieser Kinder möchte dort sein, »wo es nichts kennt«, wie es der kleine Benjamin in seinem Traum im vorigen Kapitel beschrieben hat. Wie dort verdeutlicht wurde, können Ängste in vielfältiger Art verarbeitet werden, zum Beispiel über Somatisierung, Regression, phobische und hypochondrische Verarbeitung. Zum Verständnis der Schulphobie sollte darum zuerst das Kapitel über die Trennungsängste gelesen werden.

Bei der Schulphobie steht die *phobische Verarbeitung* im Mittelpunkt, sie bleibt jedoch immer eine Trennungsangst und *diese* muss behandelt werden. Darum darf eine Behandlung auf keinen Fall beendet werden, nur weil das Kind die Schule wieder regelmäßig besucht. So lange ein Kind die Trennungsängste nicht überwunden hat, sind immer Rückfälle zu erwarten. Auch bei Schulphobien lassen sich auslösende Ereignisse finden, die in der Schule stattgefunden haben. So kann sich ein Kind gemobbt gefühlt haben, ein anderes Kind fühlte sich bloßgestellt. Doch sind das die Auslöser, nicht die Ursachen der Angst.

Kinder mit einer Schulphobie haben Angst, die Schule zu besuchen, auch wenn kein objektiver Grund dafür zu erkennen ist. Wenn keine wirksame Behandlung erfolgt, bleiben sie oft wochen-, sogar monatelang der Schule fern. Die Schulphobie wird, wie die zuvor beschriebenen Trennungsängste, generell von somatischen Beschwerden wie Übelkeit, Appetitstörungen, Leib- und Kopfschmerzen begleitet. Diese können aber auch vorgeschoben werden, um den Schulbesuch zu vermeiden.

Auch die Schulphobie ist eine Trennungsangst. Angst wird auf die Schule *projiziert*, damit entsteht eine vermeintlich objektive Ursache. Schulische Ereignisse können zwar als Auslöser dienen, sie sind aber nicht die eigentlichen Ursachen. Fast immer wird die Schulphobie, wie die Trennungsängste, von Körpersymptomen – etwa Kopf- oder Bauchschmerzen – begleitet.

Familiensituationen bei Schulphobien

Eine Schulphobie stellt also im eigentlichen Sinn keine Phobie dar; die durch Verschiebung entstandene Ursache ist nur vermeintlich eindeutig. Der Bindungsforscher John Bowlby hat bereits 1976 festgestellt, dass der Kern von Angststörungen wie etwa der Schulphobie in einem unsicheren, gestörten Bindungsstil des Kindes liegt, der sich innerhalb der familiären Interaktion herausgebildet hat. Vier typische Familiensituationen können – gemäß Bowlby (1976) – bei Kindern mit einer Schulphobie beschrieben werden.

- Im ersten Familienmuster leiden der Vater oder die Mutter unter Ängsten und binden das Kind unbewusst oder bewusst als Gefährten zu Hause an sich. Dabei ist die Angstbindung ausgesprochen ambivalent, das heißt, es bestehen auch erhebliche Aggressionen gegenüber dem Kind, die verschoben oder projiziert werden.
- Im zweiten Familienmuster fürchtet das Kind, dass dem Vater oder der Mutter etwas zustößt, und es möchte zu Hause bleiben, um dies zu verhindern.
- Im dritten Familienmuster hat das Kind Angst, das Elternhaus zu verlassen, weil es fürchtet, ihm selbst könnte etwas zustoßen und
- Im vierten Muster fürchtet ein Elternteil, dass dem Kind etwas zustoßen könnte und behält es deshalb zu Hause (vgl. Bowlby, 1976, S. 314f.).

In allen Fällen spielt eine enge symbiotische Verstrickung die zentrale Rolle. Wünsche nach Autonomie werden unterdrückt. Aggressionen müssen, aus Angst vor Liebesverlust oder wegen unbewussten Ängsten, das Objekt zu zerstören, projiziert werden. Phallisches Rivalisieren wird aufgegeben. Das Phallische befähigt Jungen und Mädchen beispielsweise zur gutartigen Aggression, zum gesunden Rivalisieren, Opponieren und gelegentlich zum Risikoverhalten. Kinder mit einer Schulphobie wirken darum aggressionsgehemmt, die Jungen gelegentlich ein wenig feminin. Der Name Schulphobie hat sich zwar eingebürgert, sie ist jedoch unverkennbar eine spezifische Form von Trennungsangst. Darum muss dieser Bereich auch fokussiert werden.

Die Angst vor dem Schwarzen Mann –
Geschichte einer Schulphobie

Im Folgenden wird die bereits zu Beginn erwähnte Leidensgeschichte der zehnjährigen Jessica ausführlich dargestellt. Ich will in dieser Fallgeschichte auch auf psychoanalytische Behandlungsprobleme und Behandlungstechniken eingehen, weil diese bei Schulphobien für alle Betroffenen eine besonders große Herausforderung darstellen. Ich werde auch ausführlich über meine eigenen Gefühle sprechen. Das mag ungewöhnlich erscheinen, aber diese sind für einen Psychoanalytiker wichtige diagnostische Wahrnehmungen, wie auf S. 45 einführend erklärt wurde.

Jessicas Mutter rief eines Abends bei mir an, um sich wegen eines Therapieplatzes für ihre Tochter zu erkundigen. Es sei dringend, denn Jessica sei schon seit mehreren Wochen nicht mehr zur Schule gegangen, und der Kinderarzt weigere sich, das Mädchen weiterhin krankzuschreiben, wenn keine psychologische Behandlung stattfände. Aus diesem Grund wolle sie sofort eine psychotherapeutische Behandlung. Wie die Frau ohne Scheu darüber sprach, dass sie für ihre Tochter um eine Behandlung nachsuchte, ohne letztendlich motiviert zu sein, verblüffte und ärgerte mich zugleich. Die Stimme der Frau wirkte »kultiviert«, dabei traurig und gleichzeitig reserviert. Andererseits ging etwas Drängendes von der Frau aus, das keinen Widerspruch duldete. Obwohl ich in absehbarer Zeit keinen Therapieplatz frei hatte, lud ich die alleinerziehende Mutter zum Gespräch ein.

Es erschien eine gepflegte, ausgesprochen schöne Frau, die ohne Umschweife von allen bisherigen Ereignissen berichtete. Dennoch blieb bei mir das Gefühl, nur notgedrungenermaßen konsultiert zu werden, und ich spürte – wie beim Telefonat – sogar eine leise Verachtung. Von Anfang an breitete sich eine schwer lastende depressive Stimmung im Raum aus, gleichzeitig nahm ich wiederum etwas unerbittlich Forderndes wahr, das keinen Widerstand ertrug. Die Frau erzählte die folgende Geschichte.

Das auslösende Ereignis
Als sie einige Wochen nach dem Symptomausbruch mit ihrer Tochter wegen einer Blutentnahme zum Arzt gefahren sei, sei das Mädchen unterwegs in panische Angst geraten. Es wollte auf keinen Fall zum Arzt. Danach erzählte es der Mutter einen Vorfall, der offensichtlich am Anfang von Jessicas Schulphobie gestanden, auslösend gewirkt und eine regelrechte Lawine losgetreten hatte.

Hier muss ein Stück Lebensgeschichte vorausgeschickt werden: Die Eltern des Mädchens hatten spät geheiratet. Jessica wurde nach zehn Jahren Ehe geboren, als die Eltern schon nicht mehr daran geglaubt hatten, ein Kind zu bekommen. Als Jessica vier Jahre alt war, lernte der Vater eine andere Frau kennen und verließ die Familie gleichsam von heute auf morgen. Dies bedeutete eine außerordentliche Verletzung der Ehefrau und führte zu einer vollkommenen Veränderung ihres Lebens. Jessica hatte zum Vater weiterhin ein sehr enges Verhältnis und besuchte ihn, so oft sie konnte. Dieser hatte inzwischen geheiratet und mit seiner neuen Frau ein Kind bekommen. Am Tag, als die Mutter mit dem Kind aus dem Krankenhaus zurückgekehrt war, war Jessica in der Familie zu Besuch und alle saßen gemeinsam beim Abendbrot. Da setzten mit einem Mal bei der Ehefrau des Vaters wieder Blutungen ein. Sie reagierte mit gellenden Angstschreien, und auch der Ehemann geriet in Panik.

Ein Notarzt wurde gerufen, die Ehefrau wurde ins Krankenhaus gebracht, konnte allerdings am nächsten Morgen wieder entlassen werden. Jessica hatte während des erschreckenden Vorfalls mit versteinertem Gesicht dagesessen und wurde später vom Vater zur Mutter zurückgefahren. Diese wurde jedoch weder von dem Mädchen noch vom Vater informiert, sie erfuhr erst durch Jessicas Erzählungen während der Fahrt zum Arzt nach dem Symptomausbruch von dem Geschehen. Von diesem Ereignis an wollte Jessica den Vater nicht mehr sehen oder seine Wohnung betreten. Wenig später kam es zu den vorher beschriebenen Angstzuständen, wenn Jessica zur Schule gehen sollte.

Ich fühlte mich nach den Erzählungen der Mutter bereits in die Dynamik hineingezogen, regelrecht darin verstrickt, und es stand bereits außer Frage, dass ich auch Jessica zu einem ersten Kontakt einladen würde, obwohl ich keinen Therapieplatz frei hatte.

Als Jessica zu einem ersten Gespräch zu mir kam, war sie schon acht Wochen nicht mehr zur Schule gegangen. Sie blieb den ganzen Tag über zu Hause und war wieder zum kleinen Mädchen geworden. Überwiegend hörte sie Märchenkassetten, malte und wartete vor allem auf die Rückkehr der Mutter. Dabei äußerte sie ständig Befürchtungen, die Mutter könne tödlich verunglücken.

Jessica war ein Mädchen, das im Allgemeinen als »süß« bezeichnet wird: mit einen engelsgleichen Gesicht, gut gekleidet, sanft und niedlich. Dabei wirkte sie über die Maßen ernst, hatte bereits die sprachliche Ausdrucksfähigkeit einer 14-Jährigen und erzählte differenziert von ihren Problemen. Es war unschwer zu erkennen, dass sie vertraute Gesprächspartnerin und Lebensgefährtin der Mutter war. Sie berichtete mir beinahe übereinstimmend die Vorgeschichte, so wie ich sie von der Mutter erfahren hatte. Das Angebot, mit mir zu spielen, überging sie höflich. Sie erzählte noch, dass sie mit der Mutter bei einer Heilpraktikerin gewesen sei, die von einem »Rockzipfelsyndrom« gesprochen und Bachblüten verordnet habe. Weil das nicht geholfen habe, seien sie jedoch nicht mehr hingegangen, und ich begann leise zu ahnen, wie es auch mir sehr bald gehen könnte, wenn ich Mutter und Tochter nicht so zufriedenstellte, wie die beiden es erwarteten. Andererseits rührte mich Jessica an, ich empfand das überwältigende Gefühl, ihr sofort helfen zu müssen und sagte zu, eine Therapie mit dem Mädchen zu beginnen. Auch dieses Gefühl von Mitleid und der Wunsch, rasch helfen zu wollen, sind für Schulphobien typisch, weil aggressive Tendenzen – relativ schnell auch vom Therapeuten – völlig gemieden werden.

Zur Lebensgeschichte des Mädchens
Zur Entwicklung Jessicas berichtete die Mutter, sie hätte sich zwar in fast allen Bereichen normal entwickelt, von Anfang an habe sie jedoch Schwierigkeiten gehabt, sich von der Mutter zu trennen. Ob der Friseur die Haare schneiden wollte, eine Babysitterin kam oder ob es später um den Kindergartenbesuch ging: Jessica klammerte sich an die Mutter, jammerte und weinte und wollte sich nicht von ihr trennen und reagierte ganz offensichtlich mit heftigen Trennungsängsten. Es ist davon auszugehen, dass die Mutter das Kind von Geburt an eng an sich gebunden hatte, weil die Beziehung zum Vater nicht gefestigt war.

Einen Schock für Mutter und Tochter bedeutete die abrupte Trennung des Vaters von der Familie. Jessica versuchte, damit fertigzuwerden, indem sie die Trennung gleichsam leugnete und weiterhin Kontakt zum Vater hielt. Doch die Mutter war zutiefst verletzt. Als sie später eine bessere Beziehung zu mir hatte, konnte sie über die damalige Katastrophe sprechen und begann zum ersten Mal zu weinen. Sie sei in eine tiefe Depression geraten und habe damals beschlossen, nie mehr einen Mann begehren zu wollen. Mit der Zeit wandelte sich ihr Verletztsein in einen Hass auf alles Männliche. Von nun an waren Männer für sie ein Synonym für ausschließlich Schlechtes, triebhafte und unzuverlässige Wesen, die man meiden sollte. Ich hatte ihre Geringschätzung in meiner ersten telefonischen Begegnung schon zu spüren bekommen. Ihre Abneigung gegenüber Männern und Jessicas Vater konnte sie natürlich nicht ganz verbergen, und so geriet Jessica rasch in einen Loyalitätskonflikt, weil sie den Vater auch weiterhin liebte. Gleichzeitig wusste sie, dass sie die Mutter damit immer wieder verletzte. Zwar sprach diese es nie aus, aber Jessica fühlte, dass sich die Mutter von ihr verraten fühlte.

Nach der Einschulung waren Jessicas Trennungsängste immer geringer geworden, und die Mutter glaubte schon, dass sie ganz verschwunden seien. Da setzte im zehnten Lebensjahr, also relativ früh, die Pubertät ein. Jessica wollte unbedingt allein einen 14-tägigen Urlaub auf einem Reiterhof verbringen. Nach einigen Tagen rief sie jedoch weinend die Mutter an, sie habe große Angst, und die Mutter müsse sie wieder abholen, was diese auch unverzüglich tat.

Familiengeschichte
Jessicas Mutter bezeichnete sich selbst als eine ängstlich-unsichere, ja depressive Frau. Wie Jessica war auch sie ein verwöhntes Einzelkind, nichtehelich geboren. Ihre eigene Mutter liebe sie auch heute noch abgöttisch. Ihr mache es inzwischen Angst, wenn sie sich vorstelle, dass sie in einiger Zeit auch von Jessica verlassen werden würde, wenn diese heranwüchse, einen Freund fände und ihre eigenen Wege ginge. Dann wäre sie wieder ganz allein, und dieser Vorwurf lastete schwer auf Jessica. Es war nicht schwer, die unbewusste Wiederholung der Herkunftsfamilie zu erkennen – Väter, Männer, spielten keine Rolle, die Töchter blieben enge Vertraute ihrer Mütter.

Jessicas Vater hatte selbst noch drei weitere Geschwister und war von Beruf Architekt, spezialisiert auf die Sanierung und Restaurierung von alten Häusern. In seiner neuen Ehe fühlte er sich sehr glücklich. Er war betrübt darüber, dass es ihm nie gelungen war, zu Jessicas Mutter wenigstens eine Beziehung zu entwickeln, die eine *elterliche Allianz* erlaubte. Eine solche Allianz wird von gemeinsam entwickelten Phantasien über das Kind, wie es ist und wie es werden kann, von einem von beiden geteilten Entwurf dessen, was »gute Elternschaft« ist, und von dem Entschluss, die Verantwortung für das Gelingen gemeinsam zu übernehmen, getragen (Ahlheim, 2009, S. 256f.). Sie stellt ein Minimum an Gemeinsamkeiten über das Kind dar, zu denen getrennt lebende Eltern unbedingt wieder fähig werden sollten.

Untersuchungsergebnisse
Die Mutter, eine unsichere und depressive Frau mit Verlustängsten und großen Ängsten vor der Zukunft, hatte Jessica stark an sich gebunden und durchweg aggressive Tendenzen und autonome Regungen bei ihr

unterdrückt. Wie gut es der Mutter gelang, Widerstände auszuräumen und Kontrolle auszuüben, hatte ich bereits während unserer kurzen Beziehung zu spüren bekommen. In allen sozialen Schwellensituationen kam es darum bei dem Mädchen zu starken Trennungsängsten, und es waren fortwährend Anklammerungstendenzen spürbar. Die Loslösungs- und Individuationsphase war von Jessica augenscheinlich nur unzureichend bewältigt worden. Zentraler Konflikt war deshalb die Angst, die Bindung zum Mutterobjekt und seine Liebe zu verlieren: Jessica hatte keine Objektkonstanz, also die Fähigkeit sich eine abwesende geliebte Person dauerhaft vorstellen zu können, erreicht. Trennungen oder aggressive Regungen führten zu einem Verlust der Objektrepräsentanz, was sofort unerträgliche Angst nach sich zog (Schoenhals, 1988). Trennungen oder Verluste konnte Jessica also noch nicht mit reifem seelischem Schmerz, sondern nur mit existentieller Angst beantworten, also dem angstneurotischen Modus folgend (Mentzos, 1988). Eine triadische Entwicklung war gescheitert. Mit Triangulierung ist nicht die soziale Dreierbeziehung, sondern eine *innerseelische* Struktur gemeint. Damit erwirbt ein Kind die Fähigkeit, aus einer Zweierbeziehung in eine Dreierbeziehung zu changieren und umgekehrt.

Die Trennung der Eltern während der ödipalen Phase des Mädchens hatte dazu geführt, dass Jessica den Vater aus Angst, er könnte sie ganz verlassen, besonders heftig begehrte. Die hormonell bedingten Veränderungen während der Pubertät gingen mit einer Zunahme der Triebstärke einher. Die nicht gut durchlaufene ödipale Phase wurde jetzt mitsamt den aus ihr rührenden – nicht bewältigten – Konflikten wiederbelebt. Das Ich des Mädchens setzte Abwehrmechanismen ein, um Angst und Unlust zu vermeiden, insbesondere Ich- und Triebregression. Jessica reagierte wieder mit Trennungsängsten und anklammerndem Verhalten, die Mutter musste sie beispielsweise aus den Reiterferien zurückholen.

Die erneute Eheschließung des Vaters verstärkte diesen schwelenden ödipalen Konflikt: Der Vater wurde noch heftiger begehrt, seine neue Frau als Rivalin abgelehnt. Es ist zu vermuten, dass sowohl auf die Ehefrau des Vaters wie auf das neugeborene Kind aggressive Phantasien, vielleicht unbewusste Todeswünsche gerichtet wurden. Die plötzlichen Blutungen der Ehefrau schienen dem Mädchen zu bestätigen, dass sich ihre aggressiven Phantasien, ihr magisch-animistisches Denken, realisiert hatten. Sie musste fürchten, vom Vater für ihre aggressiven Phantasien bestraft zu werden. Schuld und Scham wurden jetzt unaushaltbar. Der angstmachende Bewusstseinsinhalt wurde verdrängt. Es kam zur für die Phobie typischen Verschiebung der inneren Gefahr auf eine äußere, die jedoch leicht vermieden werden konnte: Jessica ertrug es nicht mehr, den Vater oder seine Familie zu sehen. Und sie konnte auch nicht mehr zur Schule gehen, die ebenfalls einen väterlichen Bereich, nämlich die äußere Welt, darstellte.

Die auf die neue Ehefrau gerichteten aggressiven Impulse waren aber auch eine Art Wiederholung des verdrängten zentralen Konflikts mit der Mutter. Letztendlich galten die aggressiven Impulse der Mutter, von der Jessica sich nicht trennen konnte. Darauf deuteten auch die zwanghaften Befürchtungen des Mädchens, der Mutter könnte etwas zustoßen – die auch als verkleidete Todeswünsche identifiziert werden können –, hin. Aufgrund der traumatischen Ereignisse am Abendbrottisch spaltete Jessica das Äußere wieder in eine gute mütterliche und eine böse Welt auf – und die böse Welt, die furchterregenden Leerräume, die männliche Triebhaftigkeit, musste sie von nun an meiden. Auf diese Weise konnte sie gleichzeitig allen Konflikten der Adoleszenz ausweichen, vor allem einer Bewältigung der sexuellen Entwicklung, Autonomie und Identitätsbildung.

Was an diesem Fallbeispiel sehr schön herausgearbeitet werden kann, ist, wie es bei einem angstneurotischen Modus zur Entstehung einer Phobie kommen kann. Die diffuse Angst des Mädchens wurde zur scheinbar realen Furcht, zu einer »Pseudoobjektivierung« (Mentzos, 1988) durch Verschiebung auf eine konkrete Gefahr. Wenn der

Patient diese meidet, kann er relativ angstfrei bleiben. Das hochproblematische Beziehungsgeflecht hatte also zu einer neurotischen Erkrankung, zur Angstneurose, geführt, die traumatischen Ereignisse waren hingegen die Auslöser für die Entstehung der vorliegenden Phobie.

Auch die Psychoanalyse geht implizit davon aus, dass bei der Entstehung neurotischer Störungen Lernvorgänge involviert sind. Die Entstehung von pathologisch wirkenden Konflikten basiert, bei der Phobie besonders deutlich erkennbar, auch für den Psychoanalytiker auf bestimmten Lernprozessen. Sie sollen an dem Fallbeispiel wenigstens kurz skizziert werden.

Jessica, das Kind mit der unsicheren, sowohl anhänglichen als auch okkupierenden und beherrschenden Mutter, hatte nicht die Gelegenheit, sich selbstständig zu bewegen und zu entfalten, ohne die Zuwendung der Mutter zu verlieren. Es lernte, dass jede Tendenz zur Selbstständigkeit entweder mit Schmerz oder mit Liebesentzug bestraft wurde. Das Kind musste sich darum in eine unterwürfige Anhänglichkeit zurückziehen, seine Selbstständigkeit aufgeben. Dies führte in den nachfolgenden Jahren dazu, dass bestimmte Verhaltensweisen vermieden und andere bevorzugt wurden, dass bestimmte Beziehungen abgebrochen, Chancen verpasst oder überhaupt nicht wahrgenommen wurden. Der zugrundeliegende Konflikt beeinflusste somit alle nachfolgenden Lernprozesse.

Wichtig ist auch, zu Beginn einer Behandlung die Ich- und Selbststruktur zu betrachten. Hinsichtlich dieser strukturellen Gesichtspunkte kann zusammenfassend Folgendes gesagt werden: Die Fähigkeiten zur Selbstwahrnehmung, Selbststeuerung, Objektwahrnehmung und zur Kommunikation waren gut. Vorrangige Abwehrmechanismen waren die Verschiebung, die Triebregression und partiell auch Ich-Regression. Defizitär war die Fähigkeit zur Bindung, sowie dazu, innere Repräsentanzen des Gegenübers zu erreichen und affektiv zu besetzen und zwischen Bindung und Lösung wechseln zu können (Arbeitskreis OPD, 2003).

Diagnose

Bei Jessica lag eine Schulphobie vor. Gemäß ICD-10 F93.0 – der internationalen Klassifikation von Krankheiten und verwandten Gesundheitsproblemen – wird dieses Störungsbild als eine »emotionale Störung mit Trennungsangst des Kindesalters« diagnostiziert.

Ich erinnere daran, dass die Schulphobie von der *Schulangst* und vom *Schulschwänzen* abgegrenzt werden muss. Bei Schulangst ist die Schulverweigerung auf Leistungsversagen oder vermeintliche Kränkung in der Schule zurückzuführen, also auf reale Befürchtungen des Kindes oder Jugendlichen. Schulschwänzen ist in der Regel bereits das Symptom einer dissozialen Entwicklung. Bei Behandlung von Schulphobien ist nach meiner Erfahrung das Folgende prototypisch: Von Eltern und Institutionen wird erheblicher Druck auf den Therapeuten ausgeübt, schnell mit der Behandlung zu beginnen und das störende Symptom rasch zu beseitigen. Bald ist der Therapeut in die Dynamik verstrickt und fühlt sich außerstande, frei zu handeln. Den vordergründig harmonischen Beziehungen liegen allerdings latente Aggressionen zugrunde. Die Abbruchgefahr ist immer groß, wenn das Kind wieder zur Schule geht, weil bei allen Beteiligten eine große Angst besteht, es könnte sich etwas an den vorliegenden symbiotischen und vordergründig harmonischen Beziehungen verändern.

Therapieverlauf

In Jessicas Fall war natürlich die Einbeziehung des Vaters besonders schwierig und mit ersten Auseinandersetzungen verbunden. Ich teilte dem Mädchen mit, dass ich unbedingt auch Gespräche mit ihrem Vater führen müsste, damit ihre Ängste verschwänden – Jessica stimmte zu. Gleichzeitig machte ich der Mutter deutlich, dass ich an dieser Stelle zu keinem Kompromiss bereit war. Sie drohte mit dem Abbruch der Behandlung, wenn ich solche sinnlosen Forderungen stellen würde. Ich teilte der Mutter mit, dass ich verstünde, dass das für sie schwierig sei, aber ich müsse auf meinem Behandlungsplan bestehen. Schließlich stimmte sie widerwillig zu, und ich lud den Vater ein, der auch sofort kam. Er war voller Schuldgefühle und wollte alles tun, damit es dem Mädchen wieder gut gehe.

Die Phobien stellen uns, wie die Zwänge, in der psychoanalytischen Therapie vor ganz spezielle Probleme, die schon Freud (1919a, S. 247) ausführlich diskutiert hat: Kinder wie Erwachsene schützen sich irgendwann mit Phobien vor aufkommender Angst, indem sie die Angst machende Situation völlig meiden. Eine über Bewusstmachung vermittelte Einsicht hilft dann nur noch bedingt, denn im Allgemeinen fehlt jetzt der Leidensdruck. Aufgabe einer wirksamen Therapie ist es darum, den Patienten wieder in eine Situation zu bringen, in der er aufs Neue mit der Angst zu kämpfen hat. Einsicht allein wird einen Menschen noch nicht befähigen, seine Ängste zu überwinden. Dies geschieht erfahrungsgemäß erst, wenn er sich wieder in die Angst machenden Situationen begibt und sich seinen Ängsten direkt stellt.

Die ersten Behandlungsstunden waren durch vorsichtige Kontaktaufnahme und die ständige Prüfung des Mädchens, ob es sich auf den Therapeuten verlassen konnte, gekennzeichnet. Es sprach – im Gegensatz zum Erstkontakt – sehr wenig, sondern stellte bildnerisch, im Sandspiel und im Spiel immer wieder eine kindlich-heile Welt dar. Vorherrschend waren Sonnenschein, Blumenwiesen mit grasenden Kühen und immer wieder eine paradiesisch friedliche Landschaft. Ich deutete dem Mädchen dies als seinen Wunsch, in einer unendlich harmonischen Welt leben zu wollen, wo alle regressiven Bedürfnisse gestillt würden und wo die Beziehungspersonen – in der Psychoanalyse recht missverständlich »Objekte« genannt – immer nur gut wären. Als ein solches Objekt erlebte Jessica mich auch in der Übertragung: Sie meinte, ich sei gleichbleibend ruhig, würde ihr immer aufmerksam zuhören und sie sei sich ganz sicher, ich könne ihr helfen. Ich war in der Übertragung zur versorgenden und nur guten Mutter geworden, welche sich das Mädchen regressiv ersehnte, um sich nicht den Gefahren der Adoleszenz stellen zu müssen. Beinahe zu jeder Stunde brachte sie mir ein kleines Geschenk mit: Bilder ihrer Tiere, kleine Steinchen … In Anspielung auf meinen Namen taufte sie ihren hin und her hüpfenden Wellensittich in »Herr Hopf« um. Es sollte bloß keine Aggression in unsere Beziehung kommen.

Der erste Einbruch der abgewehrten unbewussten Ängste geschah in einem Traum: Jessica war nachts vor dem Haus. Vor ihr stand ein schwarzgekleideter Mann, der ihr zu schweigen bedeutete, indem er mit einer Geste »psst« machte. Plötzlich geriet sie in Angst und wurde von unzähligen schwarzgekleideten Männern verfolgt, die ihr auf einem Fließband in immer größerer Zahl nachfolgten.

Die vielen Facetten dieses Traums konnten in der Therapie natürlich nicht ausgedeutet werden. Der Vater hatte sie bekanntlich zum Schweigen verleitet, sie sollte der Mutter nichts von dem erschreckenden Vorfall mit seiner Ehefrau erzählen. Ich deutete dem Mädchen vor allem den Übertragungsaspekt dieses Traums: Ganz offensichtlich teile sie mit dem Mann ein Geheimnis, das sie nicht aussprechen dürfte. Vielleicht dürfte sie es auch mir nicht mitteilen, sonst würde sie von dem »Schwarzen Mann« verfolgt, was bedeutete, dass sie dann große Ängste hätte. Ich war von dem Bild des Mädchens sehr beeindruckt, das die sie verfolgenden Ängste als am Fließband produzierte »Schwarze Männer« abbildete. Die Mutter hatte alles getan, um Männer und Männlichkeit ausschließlich »schwarz« zu malen.

Mit dem Aufdecken von unbewussten Konflikten können beim Kind in einer Therapie erhebliche Beunruhigungen und Ängste entstehen. Es wird sich im Extremfall weigern, weitere beunruhigend wirkende Interventionen des Analytikers anzunehmen, was klinisch auch als »Widerstand« bezeichnet wird.

Nach dieser Stunde veränderte sich die Beziehung des Mädchens zu mir. Es wollte nicht mehr so gerne wie früher zu mir kommen und begegnete mir vorsichtiger, sogar misstrauisch. Ich erkannte darin zum damaligen Zeitpunkt auch den Versuch des Mädchens, mir die Eigenschaften des Vaters zuzuschreiben, den sie zwar liebte, aufgrund der Traumata jedoch auch fürchtete, so dass sie ihn nicht einmal mehr besuchen konnte. In der Übertragung wurde dieser Konflikt jetzt wiederbelebt. Auf einer früheren Ebene übertrug Jessica jedoch gleichzeitig ihr inneres Objekt von einer bösen, eindringenden und vereinnahmenden Mutter auf mich, was in meinen Phantasien spürbar wurde.

Im Laufe der Übertragungsanalyse werden die Gemeinsamkeiten und Ähnlichkeiten zwischen der so genannten Übertragungsbeziehung und der außertherapeutischen Beziehung herausgearbeitet und hervorgehoben. Auf dem Höhepunkt jener Mutterübertragung und negativen Vaterübertragung kam es zu einem neuerlichen Angsttraum des Mädchens. Sie wollte daraufhin zunächst nicht mehr zur Therapiestunde kommen, überwand sich jedoch nach einem Gespräch mit der Mutter. Später teilte Jessica mir mit, dass sie mir diesen Traum ursprünglich nicht erzählen wollte. Sie habe sich jedoch an meine damalige Deutung erinnert, dass sie mir aus Angst vor dem »Schwarzen Mann« nichts mitteilen wollte, und sich gleichzeitig an die früheren Zeiten erinnert, als ich für sie ja nur der eindeutige Gute war, der ihr Halt und Stütze war. Das Mädchen konnte also wieder andere als nur negative Übertragungsaspekte an mir wahrnehmen.

Im Traum habe sie ihren Vermieter, einen Jäger, in ihr Zimmer gehen sehen. Es sei dunkel gewesen und sie habe schreckliche Angst gehabt. Sie habe dann die Schublade ihres Nachttisches geöffnet, in der ein nackter, blutiger Hase lag. Sie habe vor Angst laut geschrien. Die erotischen und aggressiven Phantasien, Ängste vor der gefährlichen, männlichen, dunklen Welt und viele adoleszente Befürchtungen – Schwangerschaft, Geburt, Blut und Vernichtung – hatten sie nachts regelrecht überschwemmt.

Auch bei diesem Traumbeispiel konnte ich nicht detailliert auf die latenten Traumgedanken eingehen. Ich sagte dem Mädchen lediglich, dass dies wirklich ein schlimmer Traum gewesen sei und dass viel Mut dazu gehöre, ihn zu erzählen. Aber dass ich denke, dass mit diesem Traum auch viele schreckliche Erinnerungen wiedergekehrt wären, an die sie lange nicht mehr zurückdenken wollte.

Wichtig ist es, dass die Eltern während solcher Widerstandszeiten ihres Kindes den Fortgang der Therapie unbeirrt unterstützen. An dieser Stelle wird sehr deutlich, dass in Therapiestunden nicht einfach »gespielt« wird, sondern dass unter anderem heftige Affekte wiederbelebt werden, die ein Kind beunruhigen können, langfristig aber zur Lösung der Konflikte beitragen werden.

Abschluss der Behandlung
Jessica war schon mehrere Wochen nicht mehr zur Schule gegangen, als sie die Behandlung bei mir begann. In wenigen Wochen würde die vierte Klasse zu Ende gehen, die sie nur unregelmäßig besucht hatte. Bedingung für die Therapie bei mir war, dass sie nach dem Wechsel auf das Gymnasium, regelmäßig die Schule besuchte, ansonsten wäre eine ambulante Psychotherapie unwirksam und ein Aufenthalt in einer Kinder- und Jugendpsychiatrie angezeigt.

Mir war klar: Wenn es Jessica gelänge, den Übertritt ins Gymnasium zu verweigern, würde sie damit – trotz Einsicht – die Angst machende Situation für längere Zeit vermeiden und sich irgendwie mit den noch bestehenden Konflikten arrangieren.

Die Analyse jener Widerstände, die die Einsicht daran hindern, Veränderungen herbeizuführen, bezeichnet man als Durcharbeiten. Es vollzieht sich innerhalb und außerhalb der analytischen Situation. In Jessicas Fall erschien es mir vorrangig, vor allem jene regressiven Tendenzen zu schwächen, welche die Weiterentwicklung verhinderten. Jessicas Wunsch, weiter ausweichen zu wollen, kulminierte in ihrem Vorschlag, sie würde von jetzt an die Schule wieder regelmäßig besuchen. Sie wollte jedoch die vierte Grundschulklasse wiederholen. Ich deutete ihr diesen Wunsch als erneuten Versuch, klein und bei der Mutter bleiben zu wollen, zumal diese an Jessicas Grundschule versetzt werden sollte. Sie würde damit endgültig ihre bisherigen Freunde verlieren und nur noch mit jüngeren Kindern zusammen sein. Schließlich erklärte sich Jessica bereit, es mit dem Gymnasium zu versuchen, was sie nach wenigen Tagen angstfrei konnte. Ich denke, dass ich die traumatischen Ereignisse, die zur Entstehung der Phobie geführt hatten, damit ausreichend bearbeitet hatte. Die zugrundeliegende Angstneurose war jedoch bislang nur partiell behandelt worden.

Rückschau
Die Therapie wurde auf Wunsch von Jessica, letztlich jedoch den der Mutter, nach etwa 100 Behandlungsstunden beendet, nachdem über zwei Monate keinerlei Symptome mehr aufgetreten waren. Eine Katamnese nach zwei Jahren ergab, dass es tatsächlich zu keinerlei Rückfällen mehr gekommen war. Es scheint – wie bereits erwähnt – für Therapien von Schulphobien prototypisch zu sein, dass nach Verschwinden des manifesten Symptoms oft keine ausreichende Motivation mehr besteht, die Behandlung fortzusetzen.

Gelegentlich entwickeln sich die Symptome einer Schulphobie schleichend, oft kommt es aber zu einem plötzlichen Durchbruch. Immer hatte die Angstsymptomatik jedoch eine mehr oder weniger stumme Vorgeschichte. Eine depressive oder ängstliche Struktur hatte sich gebildet, die jedoch mehr oder weniger gut unter einer Abwehrdecke verborgen blieb. Auslösende Ereignisse können diese Abwehr dann erschüttern und zum Zusammenbruch führen. In vielen Fällen ist es die Adoleszenz mit ihren Konflikten, die nicht bewältigt werden können. Oft sind es jedoch auch traumatische Ereignisse, wie bei Jessica die Szene im Haus ihres Vaters. Ein etwa zehnjähriger Junge beispielsweise entwickelte eine schwere depressive Episode, nachdem ihn zwei Hunde attackiert hatten und beißen wollten und niemand ihn schützte. Ein gleichaltriges Mädchen war wegen seines Aussehens verspottet worden und blieb von da an zu Hause. Es ist immer wichtig, auch bei Fehlen wegen Mobbings nach den unbewussten Konflikten zu sehen. Wir können davon ausgehen, dass die Prognose umso günstiger ist, je jünger ein Kind ist, und davon abhängt, ob sich die Störung bereits verfestigt hat und ob die Eltern sich auf einen therapeutischen Prozess einlassen können und bereit sind, sich zu verändern.

Teil IV:
Eltern suchen Hilfen für ihr Kind – Verhaltenstherapie oder psychodynamische Verfahren?

Verweigert ein Kind den Besuch der Schule, sollten Eltern rasch Hilfe suchen. Im Anfangsstadium kann das Symptom vielleicht noch durch eine einmalige Beratung bewältigt werden. An einer Bildungsberatungsstelle oder Schulpsychologischen Beratungsstelle kann diagnostisch abgeklärt werden, ob eine Schulangst vorliegt, ob es sich um Schulschwänzen handelt oder um eine Schulphobie. Ist eine Therapie erforderlich, so werden die Eltern einen Kinder- und Jugendpsychiater konsultieren oder gleich bei einem Kinder- und Jugendlichen-Psychotherapeuten um einen Termin ersuchen; mit Wartezeiten muss fast immer gerechnet werden. Krankenkassen erstatten analytische oder tiefenpsychologisch fundierte sowie Verhaltenstherapien. Im Vorwort habe ich bereits festgestellt, dass dieses Buch aus der Sicht der Psychoanalyse verfasst wurde und darin meine Erfahrungen als Kinderpsychoanalytiker wiedergegeben werden. Darum empfehle ich auch eine analytische oder tiefenpsychologische Psychotherapie, will aber auf keinen Fall andere Therapieformen und Zugangswege ausschließen. In jedem Fall ist eine Behandlung erforderlich: Nicht behandelte Schulvermeidung kann im Erwachsenenalter in Arbeitsvermeidung übergehen (vgl. Pittman, Langsley, DeYoung, 1968, zit. in: König, 1991, S. 143). Diese Kinder behielten auch als Erwachsene ihre Überempfindlichkeit bezüglich Ängstlichkeitssignalen, die von einer mütterlichen Frau ausgingen, und ein Abhängigkeitsstreben, das sie veranlasste, entsprechende dominierende Frauen aufzusuchen. Die Ergebnisse dieser Untersuchung rücken die Schulvermeidung in die Nähe der Agoraphobie. Mir sind mehrere junge Männer mit nicht behandelten, verschleppten Schulphobien bekannt, die weder mit einer Lehre begannen, noch irgendwann berufstätig wurden. Sie lebten weiter bei ihren alleinstehenden Müttern, ließen sich von ihnen versorgen, beuteten sie aus und übten nicht selten Gewalt und Terror aus. Die Prognose für eine Behandlung eines solchen kranken Familiensystems ist, wenn es derart fortgeschritten und chronifiziert ist wenig günstig.

Zur Aufarbeitung der zentralen Konflikte bedarf es einer psychoanalytischen Langzeitbehandlung unter Herstellung eines klaren Rahmens mit unmissverständlichen Bedingungen und Forderungen, mit festen Zeiten, feststehender Frequenz und sofortiger Information über Ausfallhonorare, damit sich hieran keine Widerstände festmachen. Sachliche Informationen über Hintergründe und Verlauf der Therapie sind notwendig, denn die Eltern wollen mitdenken und mitgestalten.

Eltern können davon ausgehen, dass ein Kinder- und Jugendlichen-Psychotherapeut mit einer Approbation und Kassenzulassung sein Handwerk beherrscht. Doch wie in der Schule der Lehrer, ist auch bei einer Psychotherapie die Persönlichkeit des Psychotherapeuten für den Therapieerfolg entscheidend. Voraussetzung ist darum eine gute Beziehung zwischen Therapeut und Kind sowie zwischen Eltern und Therapeut. Prüfen Sie also anfänglich, ob Sie sich von Ihrem Therapeuten gut versorgt wissen, ob Sie ihm vertrauen und seine Arbeit akzeptieren können. Danach sollten Sie die Behandlung auf keinen Fall mehr abbrechen. Denn mittlerweile ist eine Beziehung entstanden. Da es um die Bewältigung von unbewältigten Trennungen geht, könnte sich eine unvorbereitete Trennung retraumatisierend auswirken.

Wie in der Psychoanalyse von Erwachsenen werden auch in der Kinderanalyse die traumatischen Beziehungen am Beispiel der Übertragungsreaktionen nachgezeichnet, bewusst gemacht und gleichzeitig wieder mit der Gegenwart verknüpft. Der Psychoanalytiker nähert sich den unbewussten Elementen über das freie Assoziieren des Patienten, seine Träume, Symptome, Fehlleistungen und sein Agieren. Kinder und Jugendliche assoziieren nicht oder nur in geringem Maß. Sie werden darum zum freien Spiel angeregt, um ihre gesamten unbewussten Konflikte im Bereich der Triebe, der Objektbeziehungen und der Abwehrmechanismen darzustellen. Aber wie in der Psychotherapie des Erwachsenen sind zwei Haltungen erforderlich: Abstinenz und Neutralität. Abstinenz bedeutet, dass Beziehungswünsche zwischen Kind und Therapeut nicht befriedigt werden. Es wird über sie gesprochen, aber es wird nicht gehandelt. Abstinenz ist für den Kinderanalytiker und das Kind eine zentrale Rahmenbedingung innerhalb des therapeutischen Prozesses. Auf diese Weise wird ein Raum für Phantasien eröffnet. Ein Beispiel: Ein Kind fertigt innerhalb der Therapie ein Bild an und möchte es seiner Mutter schenken. Anders als im realen Leben soll das Bild in einer Schublade oder einem Behälter im Praxiszimmer bleiben. Schon an dieser Verweigerung werden sich erste Affekte entzünden, werden sich Diskussionen ergeben. Ein anderes Kind möchte auf dem Schoß des Therapeuten sitzen, ihn umarmen. Eine solche Intimität muss ihm aus naheliegenden Gründen verwehrt werden. Neutralität bedeutet, dass der Kinderanalytiker nichts unreflektiert bewertet und sich außerdem um eine unbefangene Beziehung gegenüber allen Familienmitgliedern, mögen diese auch zerstritten sein, bemüht.

Zu Beginn einer Behandlung werden die Rahmenbedingungen festgelegt. Viele Mütter kommen – wie selbstverständlich – allein zum ersten Gespräch und setzen damit schon in Szene, dass es in der Beziehung zu ihrem Kind keinen Dritten gibt und geben soll. Dass Väter bei der Entstehung einer Schulphobie nur geringe Bedeutung besitzen, ist ein hartnäckiger Irrglaube. Selbst in einer Dissertation aus dem Jahr 2011 steht der folgende Satz: »Der Vater fand im Theorieteil zur Ursachenerklärung kaum Beachtung, weil die Gründe für die Entstehung einer Trennungsangst nur zu einem kleinen Teil beim Vater liegen.« (Weber, 2011, S. 48) Richtig ist, dass die Einflüsse des Vaters andere als die der Mutter sind, aber sie sind nicht minder bedeutsam. Es ist darum insbesondere bei Schulphobien wichtig, dass der Vater von Anfang an als Dritter in die Gespräche einbezogen wird, schon damit recht bald die zumeist zu engen Beziehungen zwischen Mutter und Kind erkannt und gelockert werden. Oft bekennen Väter, dass sie die problematische Zweisamkeit längst erkannt hatten, aber keine Chance sahen, triangulierend zu wirken. Ein etwas frustrierter Vater meinte einst im Erstgespräch, dass seine Frau zu 50 Prozent mit ihrem Sohn verheiratet sei. Das galt auch nachts – denn auch da lag der Zwölfjährige neben seiner Mutter.

Ich pflege an dieser Stelle in einem Gespräch mit der Mutter über die Bedeutung eines Vaters zu sprechen und dass ich vielleicht warten müsse, bis dieser zu einem gemeinsamen Kontakt bereit sei. Wie bereits deutlich wurde, ist bei Angststörungen das Beziehungsdreieck Kind – Mutter – Vater nicht »gleichschenklig«. Oft ist die Paarbeziehung gestört, Mutter und Tochter bilden eine Einheit, der Vater ist außen vor und hat keine psychischen Funktionen. In den begleitenden Gesprächen muss sich das *unbedingt* verändern.

Die wichtigsten Rahmenbedingungen sind:
Die Therapie dauert etwa zwei Jahre, bei zumeist zwei Behandlungsstunden pro Woche mit 50-minütiger Dauer zu fest vereinbarten Zeiten.
Nicht rechtzeitig abgesagte Stunden müssen privat bezahlt werden. Diese Regelung ist wichtig, weil sich ansonsten an solchen »Stundenvermeidungen« Widerstände festmachen könnten und das Kind würde womöglich immer häufiger fehlen. Bald gäbe es die gleiche Situation wie beim Schulbesuch.
Besucht das Kind die Schule wieder regelmäßig, sollte die Behandlung keinesfalls vorzeitig beendet werden. Das zentrale Behandlungsziel ist die Bewältigung der zugrunde liegenden Trennungsängste.
Die Eltern müssen lernen, Ängste und Aggressionen ihres Kindes auszuhalten. Das Kind wird wahrscheinlich aggressiver werden, was von den Eltern ertragen werden muss. Ich war Supervisor einer Behandlung von Ängsten bei einem zehnjährigen Jungen. Die Behandlung führte rasch zu einem erfreulichen Erfolg, die Ängste schwanden. Gleichzeitig wurde der Junge etwas aggressiver und geriet häufiger als früher in Streit mit seinen Eltern. Mit einem Male bildeten sich die Aggressionen des Jungen wieder zurück, doch waren gleichzeitig die alten Ängste wieder da. Es stellte sich heraus, dass die Eltern hinter

dem Rücken des Therapeuten einen Kinderpsychiater aufgesucht hatten, der Ritalin zur Ruhigstellung verordnet hatte.

Die Erarbeitung eines solchen Rahmens und seiner Forderungen muss *immer* Resultat gemeinsamer Gespräche und Nachdenkens und nicht das Ergebnis einsamer und autoritärer Entscheidungen eines Therapeuten sein. Von Anfang an muss jedoch die Alternative Schulbesuch oder stationärer Aufenthalt lauten, wie schon im Fall Jessica verdeutlicht wurde. Manchmal wollen Kinder auch ganz von selbst in die Klinik, weil sie wissen, dass sie es nicht anders schaffen können.

Gelegentlich kommt in diesem Zusammenhang der Einwand, man könne einen Patienten doch nicht zu etwas zwingen, was Ausdruck seiner Symptomatik sei und weshalb er letztendlich zur Therapie komme. Bei Zwangserkrankungen würden wir auch kein Kind mit Verhaltensmaßnahmen unter Druck setzen, seine Zwänge aufzugeben. Dieser Vergleich hinkt: Im Gegensatz zu einer Zwangsneurose ist die Verweigerung, die Schule zu besuchen, nur teilweise Ausdruck einer intrapsychischen Dynamik. Vermeidungsverhalten entsteht nur bei einer entsprechenden Familiendynamik und wird durch diese aufrechterhalten. Wird die Dynamik in der Familie verändert, so kann ein Kind die Schule wieder besuchen – natürlich unter heftigen Ängsten, aber genau diese gilt es, therapeutisch zu bearbeiten. Aber der Abwehrmechanismus »Verschiebung« wird auf diese Weise unbrauchbar gemacht. Deshalb ist diese »strenge Haltung« erforderlich.

Mehrfach wurde in diesem Buch darauf hingewiesen, dass eine phobische Verarbeitung die Gefahr mit sich bringt, dass ein Kind symptomfrei und ohne Leidensdruck bleiben kann, wenn es ihm gelingt, seinen Ängsten auszuweichen. Besucht ein Kind die Schule nicht, kann es sich zu Hause behaglich einrichten und regredieren. Es muss darum von Anfang an mit seiner Angst und vor allem mit den sozialen Folgen konfrontiert werden. Die wichtigste Rahmenbedingung ist immer, dass das Kind die Schule besucht, bevor mit der Behandlung begonnen wird. Ansonsten könnte sich die problematische Beziehung zwischen Mutter und Kind, zwischen Anklammern und aggressiver, sadistischer Kontrolle in allen Beziehungen leicht wiederholen.

Die Konfrontation mit dieser Forderung führt in der Regel zur ersten Erschütterung der Familiendynamik. Oft zeigen sich die Mütter empört, die Väter nicht selten hilflos. Die Kinder mit Schulphobie reagieren auf diese Forderung mit Verzweiflung, Wut und Rückzug. Da in den meisten Angstfamilien aggressive Affekte gemieden werden, können sich die Eltern nur schwer durchsetzen, und nicht selten scheitert die Behandlung bereits, bevor sie überhaupt begonnen wurde. Aber jetzt wird auch deutlich, wie wichtig es ist, dass Väter von Anfang am Therapieprozess teilnehmen; auch getrennt lebende, die selbstverständlich auch einzeln zu Gesprächen kommen können. Denn jetzt muss gemeinsam überlegt werden, wie der Schulbesuch des Kindes realisiert werden kann. Oelsner und Lehmkuhl (2002) sagen beispielsweise, dass alles legitim sei, was zu einem baldigen Schulbesuch des Kindes führe, und sie empfahlen »einen Verhaltensmix« vom Belohnungssystem bis zur energischen Ermahnung (S. 81). Oelsner geht davon aus, dass nichts heilsamer ist, als die das Selbst stärkenden Erfahrungen, die ein Kind aus dem wieder aufgenommenen Schulbesuch mitnimmt, denn letztendlich geht es nicht nur um die eigene Angst, sondern so gut wie immer auch um die Ängstlichkeit der Eltern. Die folgenden Versuche erwiesen sich als wirksam:

Ein eisernes »Du gehst in die Schule« beider Eltern!
Eine Freundin, ein Freund holen das Kind morgens ab.
So bald wie möglich wird Kontakt mit der Schule aufgenommen. Mit dem Lehrer wird vereinbart, dass das Kind anfänglich nur wenige Stunden, mit der Zeit immer häufiger, am Unterricht teilnimmt.
Der Vater nimmt sich Urlaub und begleitet sein Kind in die Schule. Für viele Kinder ist es fast unglaublich, dass der sonst so vielbeschäftigte Vater sich Zeit für sie nimmt. Während der Behandlung einer

Schulphobie fuhr der Vater – Landwirt auf einem abseits gelegenen Bauernhof – anfänglich seinen Sohn jeden Tag mit dem Traktor zur Schule. Dort wartete er auf ihn bis zum Unterrichtsende und fuhr ihn wieder heim, obwohl gerade Erntezeit war.

Lehrer und Ärzte

Die Therapeuten müssen im Einzelfall entscheiden, ob Gespräche mit Ärzten, Lehrern und Schulleitung hilfreich und notwendig sind. Auch seitens der Schule sollte eindeutig unterstützt werden, dass ein Kind so rasch wie möglich den Unterricht wieder regelmäßig besucht. Auf keinen Fall sollten bei einer Schulvermeidung irgendwelche Krankschreibungen berücksichtigt werden, damit würde das Vermeidungsverhalten nur unterstützt.

Du Bois äußert hierzu ebenfalls unmissverständlich:

> In jedem Fall müssen die Schulleitung, Lehrerschaft und Schulklasse Partner bei der Lösung der Schulphobie bleiben. Dieser Personenkreis darf sich nicht ausbooten lassen, auch dann nicht, wenn die Eltern einen Psychotherapeuten zu Rate gezogen haben. Eine Schulphobie zu behandeln und die Schule zu ignorieren, käme einem Realitätsverlust gleich. (Du Bois, 2007, S. 112)

Alternative: stationäre Psychotherapie

Eine stationäre Behandlung im Heim oder in einer Kinder- und Jugendpsychiatrie ist indiziert, wenn ein Kind trotz elterlicher Unterstützung und Absprachen die Schule nicht besucht. Auf diese Weise wird die Familiendynamik für eine bestimmte Zeit gleichsam außer Kraft gesetzt. Die täglichen Streitereien entfallen, der Ärger der Eltern und der Druck auf das Kind werden geringer. Wichtig ist, dass es den

Eltern gelingt, die Trennung einfühlsam, aber auch energisch durchzusetzen und sich nicht durch Weinen und Schreien erweichen zu lassen.

Als ich therapeutischer Leiter im Therapiezentrum Osterhof, einem psychotherapeutischen Heim für Kinder und Jugendliche, war, warteten wir einmal vergeblich auf die Ankunft eines Kindes. Als ich nach einigen Stunden bei den Eltern anrief und fragte, was denn los sei, wurde mir geantwortet, der Junge habe versprochen, morgen in die Schule zu gehen, die Aufnahme bei uns habe sich erübrigt. Das war eine ärgerliche Angelegenheit, denn wir hatten den Platz für den Zehnjährigen freigehalten. Kurz darauf erreichte uns der Brief des behandelnden Kinderpsychiaters, der uns herzlich bat, dem Jungen doch nochmals eine Chance zu geben, denn natürlich war er am nächsten Tag nicht in die Schule gegangen. Auch dieses Mal kam wieder niemand, es wurde auch nicht abgesagt. Als ich – reichlich verärgert – wiederum bei der Familie anrief, wurde mir gesagt, sie kämen nicht. Der Sohn habe sich in einem Zimmer eingeschlossen, man könne ihn doch nicht zwingen. Ich habe daraufhin nichts mehr von der Familie gehört.

In der Regel besuchen Kinder in einer stationären Einrichtung die Heimschule sofort, meistens ohne Widerstände. Im Therapiezentrum, das ich leitete, sorgen Erzieherinnen dafür, dass die Kinder regelmäßig zur Schule gehen. Als ein Junge – nach einem Besuch bei seinen Eltern – am Montagmorgen die Schule verweigerte, packte die resolute Erzieherin seiner Gruppe den Jungen in ihr Auto und brachte ihn zur Schule. Dies geschah ohne Schuldgefühle oder Skrupel, was die Eltern zu Hause so sicherlich nicht geschafft hätten.

Die Zusammenarbeit von Eltern und Therapeuten mit stationären Einrichtungen

So gut wie immer muss die Behandlung nach einem stationären Aufenthalt ambulant fortgesetzt werden, weil die zentralen Konflikte zumeist noch nicht ausreichend bewältigt worden sind. Dies setzt während eines Klinikaufenthaltes die weitere Zusammenarbeit eines Therapeuten mit den Eltern, vor allem aber mit den dortigen Therapeuten und Ärzten voraus. Im Folgenden stelle ich ein Fallbeispiel aus einer Supervision vor, das eine gescheiterte Zusammenarbeit erkennen lässt, aber gleichzeitig aufzeigt, worauf es wirklich ankommt:

Tobias ist elf Jahre alt und hat im vergangenen Schuljahr immer wieder in der Schule gefehlt. Angefangen hatte die Angst, nachdem er vor einem Projekttag in der Schule geweint und über Kopf- und Bauchschmerzen sowie Übelkeit geklagt habe. Schon längere Zeit hatte er nachts nicht mehr durchschlafen können. Die Eltern berichten, dass sein Verhalten besonders morgens schwierig sei. Sei er erst einmal in der Schule, gehe es ihm dort eigentlich ganz gut. Zuletzt habe ihn seine Mutter in die Schule begleitet. Anfänglich habe das geholfen. Tobias wolle aber auch in seiner Freizeit wenig unternehmen und nicht auswärts übernachten. Seine Schulvermeidung hat vielerlei Gründe, in erster Linie sind es Trennungsängste und depressive Symptome mit einer ausgeprägten Antriebsstörung. Sie ist aber auch ein Ergebnis von Verwöhnen und aggressiven Hemmungen. Kinder können durch Verwöhnung daran gehindert werden, eigene Erfahrungen mit der Bewältigung von Schwierigkeiten und Problemen zu machen. Sie werden später jede Anstrengung als »Stress« wahrnehmen, weil sie nie Freude und Genugtuung an eigener Leistung erfahren haben. Schule und Lernen bereiten Tobias mittlerweile ausschließlich Unlust, die er tunlichst meiden möchte. Am liebsten würde er den ganzen Tag vor seinem Computer sitzen und ununterbrochen spielen.

Tobias beginnt eine analytische Psychotherapie bei einer Therapeutin. Die Behandlung entwickelt sich etwas zäh, aber immerhin geht der Junge in die Schule. Das ändert sich jedoch nach den Osterferien abrupt. Tobias klagt wieder über Bauchschmerzen und verweigert, teilweise höchst aggressiv mit massiven Auseinandersetzungen, den Schulbesuch. Er sagt der Therapeutin und seinen Eltern, dass er dieses

Mal nicht glaube, es nochmal zu schaffen, die Schule zu besuchen. Lieber wolle er gleich in eine Klinik.

Dort wird die Aufnahme des Jungen erbeten. Tobias' Therapeutin sendet einen ausführlichen Bericht an die Klinik. Die Eltern teilen ihr mit, dass ein dreimonatiger Aufenthalt geplant ist und informieren sie auch darüber, dass sich Tobias gut eingelebt habe und regelmäßig die Klinikschule besuche. Auch den anschließenden externen Schulbesuch habe Tobias gut bewältigt.

Nach etwa drei Monaten erfährt die Therapeutin von den Eltern Tobias' Entlassungstermin und im selben Telefonat auch, dass nun das Jugendamt mit einbezogen werden solle; von Seiten der Klinik hat sie bislang keine Informationen erhalten. Da erhält sie einen Anruf von einem Mitarbeiter des örtlichen Jugendamts. Er sei von der Klinik beauftragt worden, die Durchführung der ambulanten Therapie zu unterstützen, wisse allerdings noch nicht, wie das gehen solle.

Die Psychotherapeutin ruft daraufhin, reichlich verärgert, den Kliniktherapeuten an und fragt nach seinem Bericht. Dazu sei er einfach nicht gekommen, meint dieser, es tue ihm leid. Er werde ihn bis spätestens drei Monate nach der Entlassung verfassen, noch sei er aber nicht geschrieben. Er könne aber schildern, was er mit den Eltern vereinbart habe, und lasse ihr anschließend per E-Mail einige Informationen zukommen. Sie erfährt so von einem Verhaltensverstärkerplan, den die Klinik aber nicht mehr mit Tobias habe fertigstellen können. Den Eltern habe der Klinikmitarbeiter gesagt, dass sie die Umsetzung dieses Plans mit der Therapeutin fortsetzen sollten. Diese hätten vor ihm außerdem erhebliche Zweifel an der ambulanten Therapie geäußert. Die Therapeutin meint, dass es nicht sehr förderlich gewesen sei, dass das Jugendamt ohne ihr Wissen einbezogen worden sei und sie von ihm selbst darüber keine Nachricht bekommen, sondern dies von der Mutter im Elterngespräch erfahren habe. Der Kliniktherapeut räumt ein, dass dies sein Fehler gewesen sei und entschuldigt sich bei ihr.

Danach erfolgt ein Anruf der Eltern: Tobias wolle nicht mehr kommen, er brauche die Therapie nicht mehr und halte sowieso nichts von ihr. Ein direktes Telefonat mit seiner Therapeutin verweigert er. Kurze Zeit später ruft auch der Mitarbeiter des Jugendamts wieder an. Er habe mittlerweile zwei Kontakte mit Tobias gehabt und sehe den Jungen fortan einmal in der Woche. Er bemühe sich gerade, eine Beziehung zu Tobias aufzubauen, und sei noch auf der Suche, wie das gelingen könne. Am kommenden Wochenende wolle er mit dem Jungen zunächst einmal ein Volksfest besuchen. Tobias habe ihm gegenüber geäußert, dass ihm die Therapie nichts bringe und er nicht mehr zu der Therapeutin gehen wolle. Der Jugendamtsmitarbeiter scheint die Widerstände des Jungen durchaus »wohlwollend« aufgenommen zu haben, was Tobias und seine Eltern offensichtlich verunsichert habe. Die Therapeutin erklärt ihm daraufhin, dass es während einer Therapie auch Phasen gebe, in denen Wut und Ärger aufkämen, und dass Tobias eine Therapie auch weiterhin dringend brauche. Aus diesem Grund ist es auch nicht statthaft, aus den Äußerungen eines Kindes, dass es ihm dort nicht gefalle, auf die Qualität einer psychoanalytischen Psychotherapie schließen zu wollen. Eine psychodynamische Behandlung ist kein Kuschelbad, sie ist auch eine Reise durch viele bewegende, auch negative Affekte wie Angst, Wut, Verzweiflung ...

Aufgrund der Zweifel, die Tobias dem Jugendamtsmitarbeiter gegenüber geäußert hatte, sowie der Mitteilung des Therapeuten der Klinik über die elterlichen Zweifel an der psychoanalytischen Therapie vereinbart die Psychotherapeutin ein gemeinsames Gespräch mit Tobias und seinen Eltern zur Klärung einer zukünftigen Arbeitsgrundlage.

Bei diesem Gespräch spricht sie bei den Eltern direkt an, dass sie in Kontakt mit dem Kliniktherapeuten von Tobias stehe, und dieser ihr mitgeteilt habe, dass offensichtlich Zweifel der Eltern an der Therapie im Raum stünden. Beide Elternteile schauen zunächst die Therapeutin, dann sich gegenseitig verblüfft an. Die Therapeutin erklärt daraufhin, dass es für das Arbeitsbündnis wichtig sei, dass sie ihr von allen Zweifeln berichteten, da eine Zusammenarbeit ohne gegenseitiges Vertrauen nicht möglich sei. Die Eltern zeigen sich überrascht und verneinen, so etwas jemals geäußert zu haben. Tobias' Mutter schildert jedoch, dass von Seiten der Klinik angezweifelt worden sei, ob eine analytische Therapie Tobias helfen könne und ob nicht eine Verhaltenstherapie besser für ihn sei. Sie selbst seien jedoch sehr zufrieden mit der Behandlung hier, und es gebe von ihrer Seite aus nichts, was in dieser Hinsicht besprochen werden müsse. Tobias' Mutter betont, dass sie sich bei der Therapeutin gut aufgehoben fühle und es als hilfreich empfinde, dass sie die Therapeutin immer anrufen könne. Im Laufe des Gesprächs erklärt sich auch Tobias wieder bereit, es nochmal zu versuchen und die analytische Psychotherapie konnte weitergeführt werden. Die professionelle Haltung der Psychotherapeutin, die gute Beziehung zu beiden Elternteilen sowie ihr geduldiges Zuwarten und »nicht Mitagieren« konnten verhindern, dass die Klinik die Behandlung fast zerstörte.

Es ist unsensibel, unkollegial und nicht hilfreich, wenn Mitarbeiter einer Klinik die laufende Psychotherapie anzweifeln und ohne jegliche Kenntnisse von ihrem Verlauf eine andere Therapieform empfehlen.
Es ist unprofessionell, die spezifische Behandlung nach dem Klinikaufenthalt fortführen zu wollen, vor allem, wenn vom niedergelassenen Therapeuten eine andere Therapieform angewandt wird. Die Inhalte einer Verhaltenstherapie sind nicht kompatibel mit einer psychodynamischen Therapie, die simultane Anwendung beider Verfahren ist ein Kunstfehler.
Dieser Patient vermied die Schule vor allem, weil sie ihm als zu »anstrengend« erschien. Völlig korrekt strebte die Psychotherapeutin darum eine Durcharbeitung von Unlust und Widerständen gegenüber autonomer Leistung an. Der gleichzeitige Besuch eines Volksfestes durch einen »Parallel-Therapeuten« käme geradezu einer Boykottierung der Therapie gleich.

Geschlechtsunterschiede

Alle Untersuchungen bestätigen, dass Schulphobien bei Jungen etwa gleich häufig auftreten wie bei Mädchen. Verschiedene Untersuchungen machen aber deutlich, dass sich bei Jungen stärker eine narzisstisch-objektmeidende Neigung manifestiert, bei Mädchen eher eine anklammernd-depressive (Hopf, 2014). Diese Tendenz ist auch bei den Schulphobien zu erkennen. Bei Mädchen sind fast immer Trennungsängste die Ursache für die Entstehung einer Schulphobie, wie im Fall von Jessica. Bei Jungen können noch andere Konflikte hinzukommen, etwa aus dem narzisstischen Formenkreis.

Der elfjährige Dennis wird von seiner Mutter wegen seiner massiven Schulangst vorgestellt, die seit dem vergangenen Jahr besteht. Der Junge habe große Angst, den Anforderungen der Schule nicht gewachsen zu sein. Er fürchtet, bei Prüfungen zu versagen und im Unterricht etwas falsch zu machen. Dies habe zur Folge, dass er abends kaum einschlafen könne. Nachts wache er häufig auf und klage über Albträume. Einen äußeren Anlass für seine Ängste gebe es nicht, denn seine Schulleistungen seien in Ordnung, die Noten im Durchschnittsbereich, auch wenn er dafür arbeiten müsse. Trotzdem fürchtet die Mutter sehr, Dennis könnte in den anstehenden Leistungstests schlecht abschneiden und womöglich keine Empfehlung für das Gymnasium bekommen. Das würde sie zutiefst kränken. Beim ersten Kontakt berichtet Dennis als erstes prompt von seinen Ängsten, in der Schule zu versagen und womöglich als Obdachloser zu enden.

Es ist festzustellen, dass Dennis sowohl unter einer narzisstischen als auch unter einer depressiven Problematik leidet. Der Junge ist der kleine Kronprinz und Held seiner Mutter. Er soll ausziehen und für sie große Taten vollbringen. Das wertet ihn auf, schürt aber eine ständige Angst, zu versagen. Insofern lässt sich hier durchaus auch eine Schulangst im Sinne von realer Angst beschreiben. Aber Dennis hat vor allem Angst vor der Trennung von einer ihm vertrauten Umgebung, in der er die grenzenlose Bewunderung seiner Mutter bekommt und genießt. Umso mehr muss er in der außerhäuslichen Welt fürchten, bloßgestellt oder erniedrigt zu werden, denn dort hat er keinen »Prinzenbonus« mehr. Ähnlichen Problemfeldern, in denen sich Jungen wie kleine, stets bewunderte Prinzen fühlen, deren grandiose Phantasien jedoch an der Schulwirklichkeit zerbrechen, begegnen wir immer häufiger. Um die Konfrontation mit der Realität zu vermeiden, kann die Schule zu einer feindseligen Stätte werden: Aus Sicht mancher Eltern schätzt die Schule ihr Kind nur falsch ein und erkennt seine Hochbegabungen nicht an – so machen auch sie die Schule zu einem abgelehnten Ort. An dieser Stelle müssen die Eltern umdenken, wenn ihrem Kind geholfen werden soll.

Zusammenfassung

Die Schulphobie ist in der Regel eine Trennungsangst. Es können sich auch narzisstische und depressive Affekte darunter mischen. Alle Konflikte werden allerdings durch »phobische Pseudoobjektivierung« unkenntlich gemacht: Die Schule wird zum Schuldigen gemacht, obwohl die Ursachen anderswo zu suchen sind.

Die Folgen sind: Regression in eine paradiesische Symbiose mit sekundärem Krankheitsgewinn und Vermeidung von Trennung.

Hochproblematisch ist vor allem der soziale Schaden, den lange Schulverweigerung verursacht. Darum muss dieser Abwehrvorgang von Anfang an mit Hilfe der Eltern außer Kraft gesetzt werden.

Gedanken zum Schluss

Ich wünsche mir, dass die frühen Abhängigkeitsbedürfnisse von Kindern ausreichend befriedigt werden, und dass sie sich nicht zu früh den kollektiven Anforderungen von sozialen Einrichtungen anpassen müssen. Dass sie eine sichere Bindung erfahren und Trennung sowie Loslösung bewältigen lernen. Sie sollen von ihren Eltern – wie Ursula Neumann einst formuliert hat – zuerst Wurzeln bekommen und später Flügel. Hierzu wünsche ich ihnen große, dauerhafte und verlässliche reale und symbolische »Spielräume« (King, 2013, S. 32).

Ich wünsche mir Elternpaare, die das Aufwachsen ihrer Kinder begleiten und genießen, nicht müde und überfordert sind. Eltern, die in einer guten Beziehung leben, werden ihr Kind nicht zu einem Ersatzpartner machen. Sie werden es auch nicht mit narzisstischen Wünschen überfrachten. In allen schulischen Bereichen sollten sie so viel Unterstützung wie notwendig anbieten, sich aber so wenig wie möglich in schulische Belange einmischen. Sie sollten dem Lehrer und seiner Professionalität vertrauen, bei Problemen aber auch den Kontakt zu ihm suchen.

Ich wäre froh, wenn Jungen innerhalb ihrer Erziehung auf eigene und auf öffentliche psychisch präsente Väter treffen würden, die sie liebevoll gewähren lassen und konsequent begrenzen. Und ich würde mich freuen, wenn endlich auch Mädchen von öffentlichen Vätern profitieren könnten, die ihre Fähigkeiten anerkennen und sie in ihrer Weiblichkeit aufwerten.

Ich wünsche mir Lehrer, die feststellen, dass sie im Leben von Kindern – neben den Familienangehörigen – die wichtigsten Personen sind. Dass ihr Bild von allen Schülern verinnerlicht wird, sie in ihrer Erinnerung und in ihrer Seele weiterleben werden. Dass sie begreifen, dass ein engagierter, einfühlsamer Lehrer nie vergessen wird – ebenso wenig wie ein frustrierter, desinteressierter und womöglich sadistischer Pauker. Dass Lernerfolge von Kindern zuallererst der Persönlichkeit der Lehrer zuzuschreiben sind, nicht irgendwelchen Methoden, und dass sie für *alle* Schüler da sind, für die Begabten, aber ganz besonders für die Schwachen.

Ich wünsche mir, dass Lehrer wieder das Ansehen und die Autorität bekommen, die ihnen zustehen. In den vergangenen Jahrzehnten wurde ihnen das genommen, weil alles »Autoritäre« bekämpft wurde. Das lateinische Wort »auctoritas« bedeutet jedoch Ansehen, Würde und Vorbild – diese Bereiche sollten Lehrer wieder in den Vordergrund stellen.

Literatur

Ahlheim, R. (2009): Die begleitende tiefenpsychologisch fundierte Psychotherapie der Bezugspersonen. In: Hopf, H.; Windaus, E. (2009): Lehrbuch der Psychotherapie Bd. V. München: CIP-Medien.

Ahnert, L. (2011): Wie viel Mutter braucht ein Kind? Bindung – Bildung – Betreuung: Öffentlich und privat. Heidelberg: Spektrum Akademischer Verlag.

Arbeitskreis OPD-KJ (Hrsg.) (2003): Operationalisierte Psychodynamische Diagnostik im Kindes- und Jugendalter. Grundlagen und Manual. Bern, Göttingen, Toronto, Seattle: Hans Huber.

Balint, M. (1972): Angstlust und Regression. Reinbek: Rowohlt.

Bielicki, J. S. (1993): Der rechtsextreme Gewalttäter. Hamburg: Rasch und Röhring.

Bowlby, J. (1975): Bindung. Eine Analyse der Mutter-Kind-Beziehung. München: Kindler.

Bowlby, J. (1976): Trennung. Psychische Schäden als Folge der Trennung von Mutter und Kind. München: Kindler.

Brisch, K.-H. (2010): SAFE. Sichere Ausbildung für Eltern. Stuttgart: Klett-Cotta.

Dammasch, F. (2013): Das Kind in der Moderne. Sozialpsychologische und psychoanalytische Gedanken. In: Dammasch, F.; Teising, M. (Hrsg.): Das modernisierte Kind. Frankfurt a. M.: Brandes & Apsel.

Dolto, F. (1989): Alles ist Sprache. Kindern mit Worten helfen. Berlin: Quadriga.

Dornes, M. (1994): Der kompetente Säugling. Frankfurt a. M.: Fischer Taschenbuch.

DPV (2008): Memorandum der Deutschen Psychoanalytischen Vereinigung: Krippenausbau in Deutschland – Psychoanalytiker nehmen Stellung. Psychoanalyse aktuell vom 12.12.2007. Psyche – Z Psychoanal 62, 2008, 202-208.

Du Bois, R. (2007): Kinderängste. Erkennen – Verstehen – Helfen. München: C. H. Beck.

Esser, G. (Hrsg.) (2011): Lehrbuch der Klinischen Psychologie und Psychotherapie bei Kindern und Jugendlichen. Stuttgart: Thieme.

Faber, R.; Haarstrick, R. (2012): Kommentar Psychotherapie-Richtlinien. München: Urban & Fischer.

Freud, A. (1973): Wege und Irrwege in der Kinderentwicklung. Stuttgart: Ernst Klett.

Freud, S. (1919a): Wege der psychoanalytischen Therapie. Studienausgabe Ergänzungsband. Frankfurt a. M.: S. Fischer.

Freud, S. (1920): Jenseits des Lustprinzips. Studienausgabe Bd. III. Frankfurt a. M.: S. Fischer, 1975.

Freud, S. (1933): Neue Folge der Vorlesungen zur Einführung in die Psychoanalyse. Studienausgabe Bd. I. Frankfurt a. M.: S. Fischer, 1969

Fromm, E. (1989): Die Kunst des Liebens. Erich Fromm: Gesamtausgabe, Band IX, München: Deutscher Taschenbuch Verlag.

Göppel, R. (2013): Haben Kinder und Jugendliche größere emotionale Defizite und psychosoziale Störungen als früher? In: Dammasch, F.; Teising, M. (Hrsg.): Das modernisierte Kind. Frankfurt a. M.: Brandes & Apsel.

Grieser, J. (2011): Architektur des psychischen Raumes. Die Funktion des Dritten. Gießen: Psychosozial.

Hafeneger, B. (2013): Beschimpfen, bloßstellen, erniedrigen. Beschämung in der Pädagogik. Frankfurt a. M.: Brandes & Apsel.

Hampel, P. et al. (2008): Geschlechtsspezifisches Anti-Stress-Training in der Schule. Prax. Kinderpsychol. Kinderpsychiat. 57, 20-38.

Heinemann, E.; Hopf, H. (2010): Psychoanalytische Pädagogik. Theorien, Methoden, Fallbeispiele. Stuttgart: W. Kohlhammer.

Heinemann, E.; Hopf, H. (2012): Psychische Störungen in Kindheit und Jugend. Stuttgart: W. Kohlhammer.

Hirsch, M. (2000): Arbeitsstörung und Prüfungsangst. In Hirsch, M. (Hrsg.): Psychoanalyse und Arbeit. Göttingen: Vandenhoeck & Ruprecht.

Hopf, H. (1976): Macht wirklich die Schule unsere Kinder krank? Lehrerzeitung Baden-Württemberg, 5/1976, 90-91.

Hopf, H. (1976): Der Lehrer als Objekt für Übertragungen. Beispiele für den Umgang mit unbewussten affektiven Einstellungen des Schülers. Westermanns Pädagogische Beiträge, 11/1976, 620-624.

Hopf, H. (1998): »Angst vor dem Schwarzen Mann«. Die psychoanalytische Behandlung einer Schulphobie. In: Schulte-Markwort, M.; Diepold, B.; Resch, F. (Hrsg.): Psychische Störungen im Kindes- und Jugendalter. Ein psychodynamisches Fallbuch. Stuttgart: Georg Thieme.

Hopf, H. (2006): Vom Verschwinden von realer Angst und Scham. Analytische Kinder- und Jugendlichen-Psychotherapie, 130, 143-162.

Hopf, H. (2007): Wenn Kinder krank werden. Besser verstehen – einfühlsamer helfen. Stuttgart: Klett-Cotta.

Hopf, H. (2009): Angststörungen bei Kindern und Jugendlichen. Diagnose, Indikation, Behandlung. Frankfurt a. M.: Brandes & Apsel. 3. Auflage 2014.

Hopf, H. (2014): Die Psychoanalyse des Jungen. Stuttgart: Klett-Cotta.

Jannan, M. (2010): Das Anti-Mobbing-Buch. Gewalt in der Schule – vorbeugen, erkennen, handeln. Weinheim und Basel: Beltz.

Kandel, E. R. (2008): Psychiatrie, Psychoanalyse und die neue Biologie des Geistes. Frankfurt a. M.: Suhrkamp.

King, V. (2013): Optimierte Kindheiten. Familiale Fürsorge im Kontext von Beschleunigung und Flexibilisierung. In: Dammasch, F.; Teising, M. (Hrsg.): Das modernisierte Kind. Frankfurt a. M.: Brandes & Apsel.

Knölker, U. et al. (2000): Kinder-und Jugendpsychiatrie und -psychotherapie. Bremen: Uni-Med-Verlag, 2. Auflage.

König, K. (1991): Angst und Persönlichkeit. Das Konzept vom steuernden Objekt und seine Anwendungen. Göttingen: Vandenhoeck & Ruprecht.

Kraus, J. (2013): Helikopter-Eltern. Schluss mit Förderwahn und Verwöhnung. Reinbek: Rowohlt.

Krause, R. (2011): Affekentwicklung – männliche Stile der Affektregulation. In: Franz, M.; Karger, A. (Hrsg.) (2011): Neue Männer – muss das sein? Göttingen: Vandenhoeck & Ruprecht.

Künzel, J. (2013): Der Lehrer als Regisseur, Psychologie Heute, September 2013, 34-39.

Kullmann, K. (2013): Kampfauftrag Kind. Der Spiegel, 33, S. 118f.

Mahler, S. M. (1972): Symbiose und Individuation. Stuttgart: Ernst Klett.

Mentzos, S. (Hrsg.) (1988): Angstneurose. Psychodynamische und psychotherapeutische Aspekte. Frankfurt a. M.: Fischer Taschenbuch.

Neumann, U. (2003): Wenn die Kinder klein sind, gib ihnen Wurzeln, wenn sie groß sind gib ihnen Flügel. München: Kösel.

Oelsner, W.; Lehmkuhl, G. (2002): Schulangst. Ein Ratgeber für Eltern und Lehrer. Düsseldorf, Zürich: Walter.

Parens, H. (2007): Heilen nach dem Holocaust. Erinnerungen eines Psychoanalytikers. Weinheim, Basel: Beltz.

Petermann, F.; Koglin, U. (2013): Aggression und Gewalt von Kindern und Jugendlichen. Berlin, Heidelberg: Springer.

Pfeiffer, C. (2013): Jugendkriminalität. Süddeutsche Zeitung, 14.09.2013, 2.

Resch, F.; Brunner, B. (2013): Schulverweigerung. Prax. Kinderpsychol. Kinderpsychiat., 62, 547-549.

Richter, H. E. (2010): Einige Bemerkungen zu Vorurteilen über Kleinkind-Erziehung im gesellschaftlichen Wandel. Psychoanalyse. Texte zur Sozialforschung. 14. Jg., 25, 165-167.

Richter, H. E. (1992): Umgang mit der Angst. Hamburg: Hoffmann und Campe.

Robertson, J. (1982): Kinder im Krankenhaus. München, Basel: Verlag Ernst Reinhardt.

Schoenhals, H. (1988): Zur Repräsentanzenwelt des Angstneurotikers. In: Mentzos, S. (Hrsg.): Angstneurose. Psychodynamische und psychotherapeutische Aspekte. Frankfurt a. M.: Fischer Taschenbuch.

Schubarth, W. (2013): Gewalt und Mobbing an Schulen. Möglichkeiten der Prävention und Intervention. Stuttgart: W. Kohlhammer.

Seiffge-Krenke, I. (2008): Schulstress in Deutschland: Ursachen, Häufigkeiten und internationale Verortung. Prax. Kinderpsychol. Kinderpsychiat., 57, 3-19.

Süddeutsche Zeitung, 01.12.08, 16.

Süddeutsche Zeitung, 10.9.2013, 30.

Seiffge-Krenke, I. (2008): Mobbing, Bullying und andere Aggressionen unter Schülern als Quelle von Schulstress. Prax. Kinderpsychol. Kinderpsychiat., 57, 60-74.

Spitz, R. A. (1973): Die Entstehung der ersten Objektbeziehungen. Direkte Beobachtungen an Säuglingen während des ersten Lebensjahres. Stuttgart: Ernst Klett.

Türcke, C. (2002): Erregte Gesellschaft. Philosophie der Sensation. München: Beck.

Weber, P. A. (2011): Das große Nein zur Schule: Trennungsangst und Schulphobie – Ursachenforschung, soziale Wahrnehmung in der Schule und Maßnahmen der Intervention. Lengerich: Pabst Science Publisher.

Weiß, R. (2012): CFT 1 R – Grundintelligenztest Skala 1. Göttingen: Hogrefe.

Winnicott, D. W. (1973): Vom Spiel zur Kreativität. Stuttgart: Ernst Klett.

Winnicott, D. W. (1994): Kinder. Gespräche mit Eltern. Stuttgart: Klett-Cotta.

Winnicott, D. W. (1997): Von der Kinderheilkunde zur Psychoanalyse. Frankfurt a. M.: Fischer Taschenbuch.

Wurmser, L. (1990): Die Maske der Scham. Die Psychoanalyse von Schamaffekten und Schamkonflikten. Berlin, Heidelberg, New York: Springer.

Brandes & Apsel

Hans Hopf

Angststörungen bei Kindern und Jugendlichen

Diagnose, Indikation, Behandlung

3. Aufl., 300 S., Pb., € 29,90
ISBN 978-3-86099-037-0

Der Band versteht sich als Lehrbuch zur psychoanalytischen Krankheitslehre, speziell der Angststörungen und ihrer Behandlung im Kindes- und Jugendalter. Außerdem wird die ICD-10 zur Diagnose einbezogen. Die Indikation einer geeigneten Therapieform sowie die behandlungstechnischen Herausforderungen werden erörtert.

»Hans Hopf gelingt es in sehr persönlicher Weise, eindrucksvoll klar und verständlich, die Phänomene der Angst zu beschreiben, zu analysieren und die Hintergründe verständlich zu machen. (...) Viele Fallbeispiele aus seiner reichhaltigen Erfahrung als Kinderanalytiker und Supervisor verdeutlichen die theoretischen Ausführungen. Insbesondere die persönlichen Erlebnisse des Autors lassen das Buch leicht und spannend lesen.« (Gabriele Meyer-Enders, Deutsches Ärzteblatt PP)

Unseren Psychoanalysekatalog erhalten Sie kostenlos:
Brandes & Apsel Verlag · Scheidswaldstr. 22 · 60385 Frankfurt am Main
info@brandes-apsel.de · www.brandes-apsel.de

Brandes & Apsel

Anette Baumeister-Duru
Helmut Hofmann
Helene Timmermann
Andrea Wulf

Psychoanalytische Behandlung von Kindern und Jugendlichen mit Angststörungen und Depression

Behandlungsmanual

Beginnend mit der Diagnostik stellt das Autorenteam typische Phasen des Behandlungsprozesses vor und spezifiziert diese für Angststörungen und Depression.

Ein gelungenes Beispiel für die Verbindung und Integration von Theorie, Forschung und Praxis.

2. überarb. u. aktual. Aufl.
160 S., Pb., € 17,90, ISBN 978-3-95558-009-4

Petra Adler-Corman
Christine Röpke
Helene Timmermann
(Hrsg.)

Psychoanalytische Leitlinien der Kinder- und Jugendlichen-Psychotherapie

Das Buch enthält Basiswissen, den Stand der Wissenschaft und komprimierte Erfahrungen für erfolgreiche Behandlungen. Neben der Darstellung der Symptomatik bieten die Leitlinien einen psychoanalytischen Zugang zur Ätiologie und Psychodynamik, differenzierte Hinweise zur Diagnostik, Überlegungen zu speziellen Behandlungsschwierigkeiten und -techniken sowie eine Literaturübersicht. Die Diagnostik der OPD-KJ-2 ist mitberücksichtigt.

2. überarb. u. stark erw. Aufl., 632 S., Pb. Großoktav
ISBN 978-3-95558-226-5

Marie Zaphiriou Woods
Inge-Martine Pretorius
(Hrsg.)

Eltern-Kind-Gruppen

Psychoanalytische Entwicklungsforschung und Praxisbeispiele

Anhand von Erfahrungen aus verschiedenartigen Gruppen wird diskutiert, welche Zugänge Gruppenleiterinnen wählen können, um die Entwicklung oder Aufrechterhaltung einer sicheren Bindung zu unterstützen und den – meistens – Müttern zu helfen, über ihr Kleinkind nachzudenken.

304 S., geb., € 29,90, ISBN 978-3-95558-037-7

Fernanda Pedrina
Susanne Hauser (Hrsg.)

Babys und Kleinkinder

Praxis und Forschung im Dialog

Jahrbuch der Kinder- und Jugendlichen-Psychoanalyse, Bd. 2

Der Band dokumentiert die kreative Verbindung von psychoanalytischer Therapie und internationaler Forschung auf diesem Gebiet. Besonders die Entwicklungsstörungen in der Mutter-Kleinkind-Beziehung stehen im Mittelpunkt der durchweg innovativen Beiträge.

324 S., geb., € 29,90, ISBN 978-3-95558-038-4

Guido Meyer
Konzepte der Angst in der Psychoanalyse

Alle 3 Bände im Paket: 1224 S., € 99,00 , ISBN 978-3-86099-354-5

Band 1: Sigmund Freud, Karl Abraham, Sandor Ferenczi, Otto Rank, Ernest Jones, Paul Federn, Wilhelm Reich, Melanie Klein

388 S., Pb., € 39,90, ISBN 978-3-86099-331-6

Im ersten Band erfahren die einzelnen Angsttheorien von Sigmund Freud eine besondere Berücksichtigung, weil er seine Auffassungen zur Angst im Laufe seines langen Forscherlebens bedeutend modifiziert hatte und seine Theorien die elementare Grundlage für die Angstkonzepte anderer Autoren abgegeben haben.

Band 2: Robert Waelder, Heinz Hartmann, Hans W. Loewald, Michael Balint, Margaret S. Mahler, Donald W. Winnicott, John Bowlby, William R. D. Fairbairn, Horst-Eberhard Richter

424 S., Pb., € 39,90, ISBN 978-3-86099-337-8

Im zweiten Band werden vorwiegend die Beiträge zur Angst der psychoanalytischen Ich-Psychologie und der britischen objektbeziehungstheoretischen Ansätze vorgestellt, die sich außerhalb der Lehre um Melanie Klein entwickelt haben. Aber auch weitere bedeutsame Ansätze werden berücksichtigt, wie etwa die Bindungstheorie von John Bowlby.

Band 3: Karl König, Wilfred R. Bion, Donald Meltzer, Ronald Britton, Otto F. Kernberg, Ralph R. Greenson

412 S., Pb., € 39,90, ISBN 978-3-86099-343-9

Im dritten Band werden vorwiegend die Beiträge zur Angst aus der postkleinianischen Psychoanalyse und von denjenigen Vertretern der Psychoanalyse vorgestellt, die versuchen, die Ich-psychologischen Erweiterungen mit verschiedenen objektbeziehungstheoretischen Ansätzen zu einer umfassenden Theorie zu verbinden.

»Die Darstellung der Angsttheorien ist in die jeweilige Gesamttheorie des Autors eingebettet. Meyer gelingt es sehr gut, einerseits das Wesentliche knapp zusammenzufassen, andererseits genügend ins Detail zu gehen (...).« (Thomas Pollak, Psyche)